日本の産業革命と薩摩

Kagoshima, Satsuma and
the Japanese Industrial
Revolution

安川 周作
Yasukawa Shusaku

南方新社

はじめに

平成二二年（二〇一〇）の夏、縁あって鹿児島の島津家別邸仙巌園を経営する株式会社島津興業に勤務することとなった。万治元年（一六五八）につくられた別邸には、すぐ前の錦江湾を池に、そびえ立つ桜島を築山に見立てた日本有数の大名庭園と、島津家の歴史を紹介する博物館である尚古集成館があり、その隣には幕末の名君島津斉彬が始めた薩摩切子の工場が復興されて、職人たちが美しいガラス器をつくり続けている。平成二七年（二〇一五）に世界文化遺産に登録されたこの地には、まさに鹿児島と島津家の歴史が凝縮されているようだ。

私は島津興業に勤務するまで鹿児島とは無縁で、歴史といえば小説やドラマの知識だけだった。しかし来訪者から鹿児島や島津家について尋ねられることが多く、必要に迫られて歴史の勉強を始めた。さいわい尚古集成館という知識の宝庫があったことから、学芸員の教えを乞いつつ専門書も読むようになり、なんとか人に説明できるようになってきた。

そうして園内や尚古集成館の展示を説明するうちに、ひとつ気づいたことがあった。鹿児島の高校生や大学生が郷土の歴史を知らないのだ。「鹿児島がなければ今の日本はなかった」と言っても、きょとんとした顔をしている。一五世紀にはじまった大航海時代には日本の玄関口となり、その後の鎖国期においても琉球国経由で中国と貿易をし、一九世紀なかばにはアジア最大の工業地帯となっていた……そういうことすら知らないという。

日本の高校では昭和五七年（一九八二）から『日本史』は必修科目ではなくなったので、自分の国の歴史を知らない高校生がいるのも無理はない。とはいえ鹿児島には日本でもめずらしいほどの豊かな歴史があり、数多くの偉人を輩出しているにもかかわらず、それらを教わらずにいる若者が多いことを体験で知った。鹿児島がいかにすばらしいところか広く知ってほしい、つねづねそう願っていた。

そういうときに、「外国人向けに、鹿児島が日本の近代化にいかに貢献したかを説明する本を書いてくれないか」という依頼があった。幕末の混乱した政治状況を説明する書物は多いが、ほとんどは基礎知識のある日本人向けで、たしかに外国人にはわかりにくい。とはいえ歴史学者ではなく、ただの歴史好きである身では力不足なのだが、「素人目線で」とのことだったので、思い切って引き受けた。

そうして、書きながら気づいたことがある。アジア・アフリカ諸国の中で日本だけがいち早く近代工業国家となれたのは、西洋文明を素早くコピーしたからではないということだ。外国との交流を絶っていた江戸時代において、日本人の識字率は世界最高水準にあり、支配階級の武士だけでなく庶民の知識レベルまで高く、機械動力以外の技術力もすぐれていた。そのような素地があったところに、島津斉彬とその遺志を受け継いだ人々の思いきった行動が加わったことで、世界に類を見ない速さで近代化を達成することが可能になったのだ。

書き終えてみて、これは今の若い人たちにも知ってもらいたいと思い、英訳本とは別に日本語のままでも出版したいと考えた。外国人に理解してもらおうと書いた本なので、日本人にはわざわざ説明するまでもないところもあるが、事情をご理解いただきたい。

なお本書を書くにあたっては、尚古集成館の松尾千歳館長よりさまざまなアドバイスをいただいた。心より感謝し御礼を申し上げる。

日本の産業革命と薩摩

【目　次】

第四章　日本を変えるにはまず薩摩から

第五章　集成館事業

第八章　ハプニングから起きた薩英戦争

第九章　久光、幕府支援から対立に変化

日本の産業革命と薩摩

第一章　鹿児島と島津家

日本列島の最南端を支配した島津家

日本列島の南端に位置する鹿児島県は、旧国名でいう薩摩および大隅に日向と琉球国の一部を加えた地域からなり、県域は南北六〇〇キロに及ぶ。この鹿児島の地を一二世紀末から一九世紀まで領主としておさめてきたのが島津家である。

島津家の初代忠久《ただひさ》は、武士政権のはじまりとなる鎌倉幕府の開祖源頼朝の側室の長男とつたえられている。[1]

忠久は文治元年（一一八五）、頼朝から南九州最大の荘園であった島津の荘の下司職《げすしき》・地頭職《じとうしき》（鎌倉幕府から任命されて荘園の軍事・警察・徴税を行う役人）に任命され、姓を島津にあらためた。

1　『島津家正統系図』による。ただし学説では否定されている。

島津家の鹿児島統治はここからはじまり、明治四年（一八七一）の廃藩置県まで、およそ七〇〇年間にわたって続いてきた。

江戸時代初期の慶長一四年（一六〇九）、薩摩藩初代藩主（島津家一八代）の家久《いえひさ》は琉球に出兵し、尚寧王《しょうねいおう》を帰順させて琉球国（現在の沖縄県および鹿児島県の一部）を支配下におさめた。これによって薩摩藩領はさらに拡大し、図に示したように南北一二〇〇キロに及ぶ広大な地域となった。

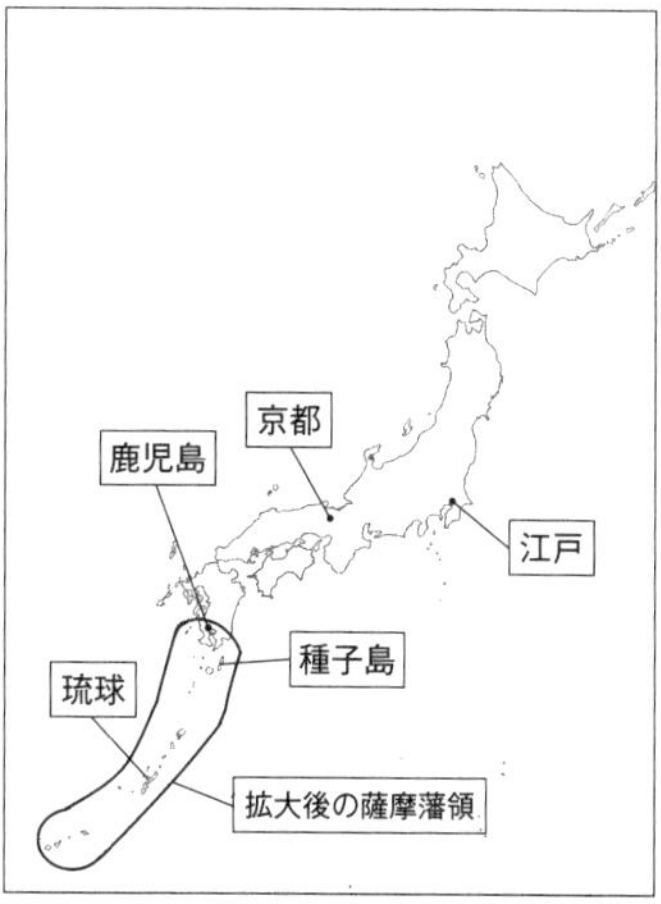

江戸時代の薩摩藩領

しかも琉球は中国（清）皇帝が王位をさずける異国のままであった。このように広大な地域と藩内に異国を抱える藩は他になく、まさに特異な存在だった。

鹿児島の旧国名さつまの「つま」は「端」につうじ、同じくおおすみの「隅」は文字通り片隅をしめす。要するに日本の端っこ、つまり辺境の地とみられていた。しかしそれは日本国内のみで考えた場合であって、目を日本国内からアジア全体に広げると、鹿児島は東南アジアから日本にいたる玄関口となる。

⊕ヨーロッパとの窓口

一五世紀末から始まった大航海時代にはヨーロッパからインド・東南アジアを経て琉球、そして鹿児島にいたる海の道がひらかれ、海外の産物や文化が鹿児島から日本につたわっていった。

天文一二年（一五四三）[2]、種子島にポルトガル人が漂着した。これがヨーロッパ人と日本人の最初の出会いで、このとき日本に初めて鉄砲がもたらされたことから、これを日本の歴史では「鉄砲伝来」としてつたえられるが、ヨーロッパ人からすれば、「ジパング発見」である。一四世紀にイタリア人の旅行家マルコ・ポーロが『東方見聞録』の中で黄金の国として紹介したジパングについにたどりついたのだ。

これを知ったポルトガル人たちは、相次いで日本をめざすこととなった。その一人、天文一五年（一五四六）に鹿児島・山川に来航した貿易商人で船長のジョルジ・アルヴァレスは、半年ほどの滞在で見聞したことをもとにして天文一六年（一五四七）に『日本報告』を作成した。この報告書はイエズス会宣教師フランシスコ・ザビエルが依頼したもので、当然ながらそこに書かれた話はすべて鹿児島のことである。たとえば、住民についてはこのように書かれている。

「人々は欲張りでなく、とても親切です。もしあなたが彼らの国へ行ったら、身分の最も高い人々は、家で食事をしたり泊まってゆくように招待するでしょう。彼らはあなたを心のうちに入れたいと望んでいる、と思われます。彼らは一旦質問しようと決めると、私たちの国のことやその他のことをとても知りたがる人々です。彼らは嫉妬深くない人々です。家では足を組んで座る（あぐら）のが習慣です」

2　ヨーロッパ側の史料では一五四二年となっている。

アルヴァレスは、マラッカに帰る船に薩摩の青年アンジロウ（ヤジロー、弥次郎とも）を乗せた。アンジロウは誤って殺人の罪を犯し、役人の追及を逃れようと寺にひそんでいたところをアルヴァレスに助けられたのである。アンジロウは船中でアルヴァレスからザビエルの話を聞き、キリスト教の説明を受けた。

⊕ 聖フランシスコ・ザビエルと鹿児島

ザビエルはマラッカでアンジロウと出会い、彼が聡明で求道心も強いと知ると、インドのゴアにあった聖パウロ学院に入学させてキリスト教を学ばせた。アンジロウはゴアの大聖堂で洗礼を受け、パウロ・デ・サンタ・フェという霊名をさずかった。鹿児島出身のアンジロウは西洋文化圏への日本人最初の海外留学生であり、最初のキリスト教徒だった。

アルヴァレスの報告に加えてアンジロウからも日本の話を聞いたザビエルは日本での布教を決意し、一五四九年（和暦では天文一八年）六月二四日に、アンジロウほか二名の日本人や修道士など八名でマラッカから鹿児島に向かった。

八月一五日に鹿児島に到着したザビエルは、九月二九日に島津

島津家の家紋
ザビエル来日時は十字紋（右）だったが、17世紀に丸十紋（左）に変わった

家一五代貴久《たかひさ》と会見している。島津家の家紋を見たザビエルは手紙で、「私たちが一年間滞在した鹿児島において、領主とその親戚が紋章に白い十字架を用いているのを見ましたが、それは主なるキリストを認めたからではありませんでした」と書き送っている。図のように当時の島津家の家紋は今のような丸十紋ではなく、十字紋だったために、すでにキリスト教がつたわっていたのではないかと驚いたようだ。

1600年にドイツで出版されたクワド『インドおよび東南アジア諸島図』の部分。Iapan（日本）の下にCangaxina（鹿児島）と書かれている（著者蔵）

ザビエルは鹿児島で約一年布教をしたのち、都に行くために鹿児島を去ったが、西洋の物質文明を代表する鉄砲と精神文明の象徴といえるキリスト教がともに鹿児島から日本に広まったことは、鹿児島がまさに日本の玄関口であったことをしめしている。当時ヨーロッパで出版された地図を見ると、日本の南端にＣａｎｇａｘｉｎａ（鹿児島）という地名が記されており、ヨーロッパ人が鹿児島を日本の入り口と見ていたことがわかる。

第二章　江戸幕府の統治

㊉徳川家康の天下統一

　鉄砲が薩摩につたわった天文一二年（一五四三）からわずか半世紀で、日本は世界有数の鉄砲保有国になっていた。当時は戦国時代とよばれ、日本各地に戦国大名が割拠して、国中が戦いに明け暮れる状況だった。このような状況を終わらせたのが徳川家康である。天下統一をなしとげた家康は慶長八年（一六〇三）に将軍となって幕府をつくり、政治の中心をそれまでの京都から東国の江戸（現在の東京）に移して江戸幕府が誕生した。各地の戦国大名たちはすべてこの新しい幕府に服従を誓ったため、大名同士の争いはなくなった。日本史における戦国時代の終了、江戸時代のはじまりである。

　とはいえ、中国の戦国時代が秦《しん》の始皇帝によって統一されて「中央集権国家」が誕生したのとは異なり、日本では戦国時代が終わっても大名たちが各地の領主として残っていた。江戸時代の日本

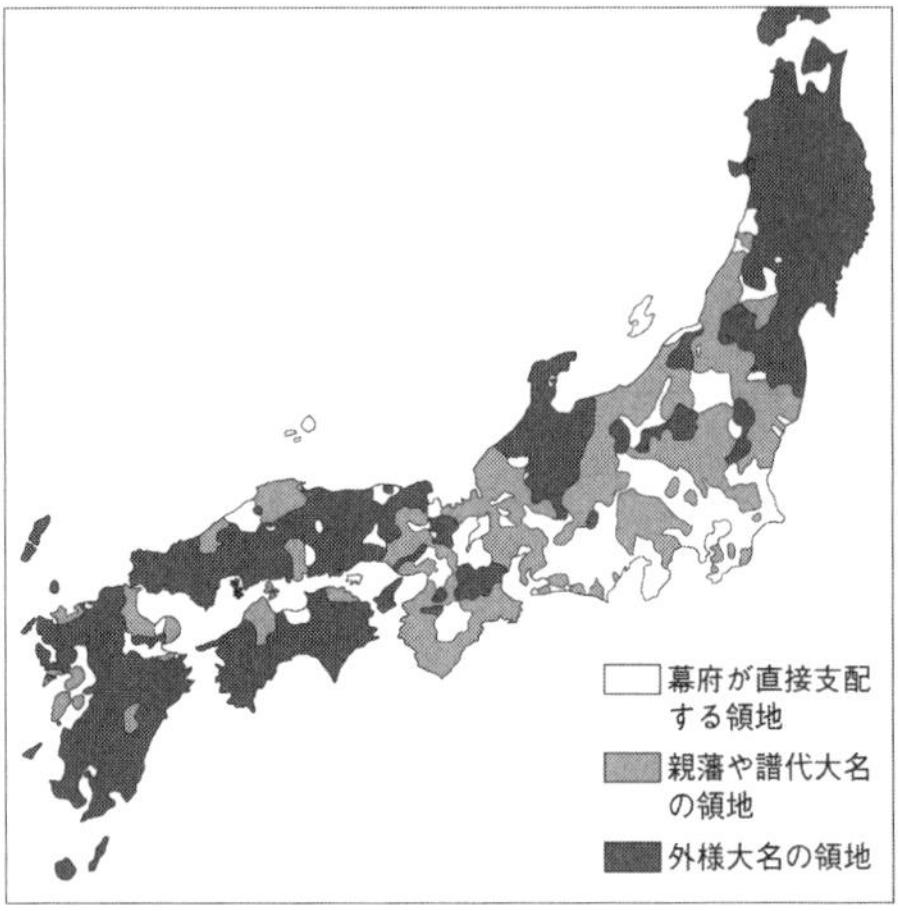

大名配置図

は二六〇あまりの国が集った連邦国家のような状態で、最大の国を支配する徳川家がそれらの国々をとりまとめているようなものだった。

しかし、中国を統一した秦がわずか一五年で滅んだのに対し、徳川家の幕府は二六〇年以上続いた。加えてほとんどの期間において戦争がなかった、世界史上でもめずらしい平和な時代となった。

江戸幕府を開いた徳川家康は、日本を再び戦乱の時代に戻さないために、国の仕組みを根底から変えた。彼がまず行ったことは、封建領主である大名たちの再配置である。大名を①親藩《しんぱん》（徳川一族）、②譜代《ふだい》（徳川家の家臣）、③外様《とざま》（かつての同僚やライバル）に分けて、①②を将軍のいる江戸や天皇のいる京都の周辺におき、③の大名たちには大きな石高《こくだか》（領内で収穫できる米の量＝広い領地）をあたえる代わりに、江戸から離れた地域に移動させた。このようにして、封建領主である大名という存在はそのまま残しつつ、幕府に反抗する恐れのある③外様大名を隔離することで体制の安定化をはかった。さらにいえば地域の支配者である大名を領地から移動させて領民との関係を弱め、大名の力を削ごうとしたのである。

島津家は③の外様大名だが、もともとの領地が日本の端にあったため、領土を移動することなく薩摩の地に据えおかれた。他の多くの大名と異なり、島津家においては、先祖代々つちかってきた領民との関係はそのまま維持されていた。

さらに幕府はこのように配置した大名たちを「参勤交代《さんきんこうたい》」で疲弊させた。これは大名を一年おきに一年間江戸に住まわせるという制度で、これによって大名たちは毎年江戸と領国の間を移動する必要があった。島津家の領国は江戸から最も離れていたので、一七〇〇キロの距離を四〇日から六〇日かけて移動した。行列の人数も石高によって定められており、寛永一二年（一六三五）の参勤では一一八〇名の家臣が従ったと記録されている。このように大人数が毎年移動するのは財政上大きな負担となった。たとえば島津家の享保五年（一七二〇）の参勤旅費は約一万七〇〇〇両で、これはその年の藩の収入の一〇分の一にあたる金額だった。

これに加えて、大名の妻子は人質として江戸に定住することとされていたので、各大名は江戸に複数の屋敷をかまえて多数の家臣を常駐させており、その費用も各藩に重くのしかかっていた。家康はこのように大名の財政負担をふやし、軍備拡張の余裕をなくすことで反乱を防止して、徳川家の支配をゆるぎないものにした。

鎖国と天下泰平

江戸幕府がめざしたものは、「天下泰平」すなわち社会の安定である。江戸時代においては社会の長期安定こそが正義であり、それを実現するために障害となるものは容赦なく排除された。そのひとつが外部からの刺激を遮断する「鎖国」、すなわち外国との交流禁止である。

その大きな理由は海外からの侵略防止と内乱の回避であった。日本は侵略を受けにくい島国で、かつ世界有数の鉄砲保有国として強大な軍事力を有していたが、外国勢力の侵略や扇動による内乱が起こることは避けたかった。特に恐れたのはキリスト教である。日本古来の宗教である神道や仏教は多神教で、政治と対立することは少ない。だが一神教で神の下ではみな平等であると説くキリスト教はそうではないと考えられた。また、貿易を独占したいオランダが「スペインやポルトガルはキリスト教布教を口実として日本を侵略しようとしている」と警告したことも理由のひとつといわれている。

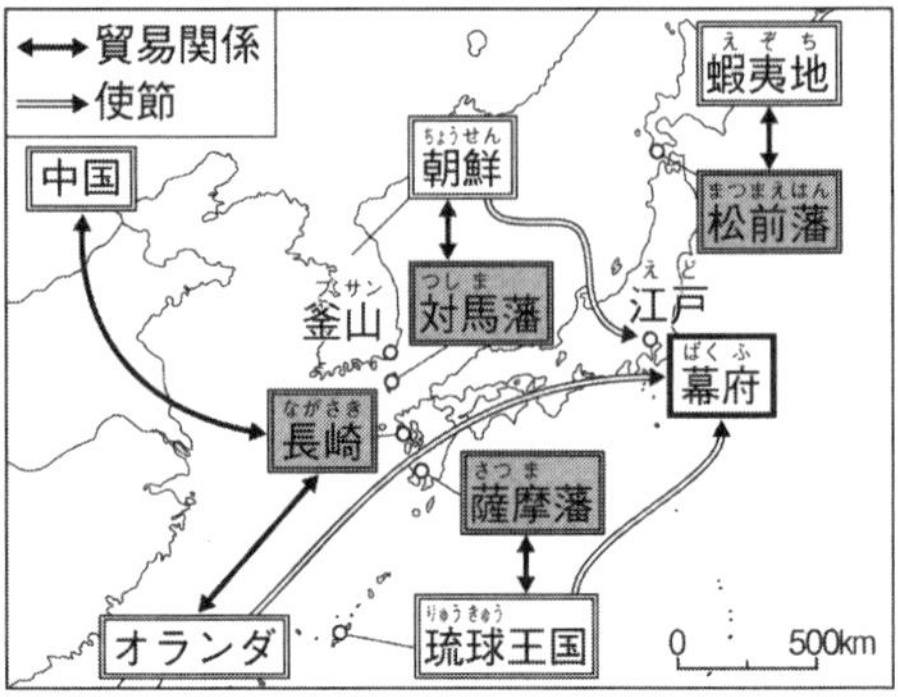

鎖国時代における４つの海外窓口

鎖国は段階的に行われた。元和二年（一六一六）にヨーロッパ船の寄港を九州の二港（平戸と長崎）に限るとしたことに始まり、寛永元年（一六二四）にスペイン船の来航を禁止、寛永一二年（一六三五）には日本人の海外渡航や帰国を禁止した。そして寛永一八年（一六四一）に唯一交易を認めたオランダの商館を長崎の出島に隔離したことで、鎖国体制が確立された。しかしながら国を完全に閉ざしたわけではなく、出島というごく限られた地域でオランダ人および中国人の居住を認めていた。つまり長崎経由でヨーロッパや中国の情報や産物がもたらされていたのであるが、幕府がそれを独占していた。

そのような時代であったが、薩摩藩はすでに述べた琉球支配によって、琉球経由で中国の情報や産物を得ることができた。同様の藩は他にもあり、対馬《つしま》藩は朝鮮との国交を維持し、松前藩は蝦夷《えぞ》との窓口になっていた。つまり日本人が海外に行くことは一切禁じられていたが、長崎・琉球・対馬・松前でわずかに海外との交流を保っていたのである。

⊕変化させない社会

社会の長期安定とは、言い換えれば変化がないことである。身分や職業を固定し、人間や物資の移動も極力制限することで、昨日も今日も明日も同じという状況をつくりだした。

職業についていえば、江戸時代には職業選択の自由などというものはなかった。父親の職業を息子が引き継ぐ「世襲《せしゅう》」があらゆる階層において適用された。とくに武士階級においては家柄が非常に重視されて、どのポストにつくかはその人の能力ではなく家柄で決まっていた。父親のポストは一人分だけだから、長男以外は職に就くことができず、社会的存在として認められなかった。これは武士以外の階層においても基本的には同じで、つまり本人の能力や努力とは関係なく、どの階層に属する家の何番目に生まれたかということで各人の将来が決まった。この「能力とポストの不一致」が江戸時代の大きな特徴である。

行政組織も同様だった。江戸幕府における大臣である老中《ろうじゅう》は五〜一〇万石の譜代大名（二〇頁②

の徳川家家臣）に限られており、その下で実務を担当する者も大名（一万石以上）より石高の少ない、旗本や御家人という名で呼ばれる徳川家の家臣に限られていた。そして彼らも親が務めたポストを受け継いでおり、原則として昇進も降格もないという変化のない仕事で生涯を終えた。これは大名の行政組織である各藩においても同様で、職業が家に付随していたのである。

大井川を渡る様子
安藤広重『駿遠大井川（部分）』（国立国会図書館デジタルコレクション）

人や物の移動についてもきびしく制限されていた。江戸時代は各地に関所や番所が設けられて、身分証明書かつ移動許可書となる通行手形を所持していない者は通過させなかった。また、移動を不便にする政策もとられていた。たとえば主要河川に橋を架けないことである。

静岡県にある大井川を例にとると、ここは京都から江戸につうじるメーンルート東海道の難所となっていた。大きな水の流れを意味する名前を持つこの川には橋が架けられておらず、船の使用も禁じられていたため、川を渡るには人足の肩や絵にあるような蓮台《れんだい》に乗るしかなかった。雨が降って川が増水すると「川止め」になって渡ることができなくなり、水が引くまで一週間や二週間待たされることはめずらしくなかった。これは橋を架ける技術がなかったわけでも、資金がなかったわけでもなく、わざと不便にしていたのだ。

海を利用しての移動も同様で、江戸時代の船は底が平らで帆柱は一本だけと決められていた。これでは安定が悪く、逆風では進めず、強風だと危険で、そのため江戸時代の船は順風が吹くまでは動くことができず、「風待ち」といって何日でも待機するしかなかった。戦国時代は日本製の船でルソン（フィリピン）やシャム（タイ）にまで進出していたから、十分な造船技術があったのに、安全で効率的な船はつくらせないようにしていた。

現代の日本は東京への一極集中が進み、地方は過疎化に悩んでいるが、江戸時代は人や物の移動を困難にすることで人口や産業の集中をふせいで、各地方が現状を維持できるようにしていたのである。このように変化させない社会をつくったことにより、江戸時代は二〇〇年以上にわたる平和な時代となった。

⊕変化させない社会で発達した江戸の学問

江戸時代のように能力とポストが一致しない社会は、現代の視点で見れば劣った社会だと思いがちである。しかしそれは見方を変えれば、すぐれた能力を持つ者が各分野に散在する社会でもあった。戦乱のない安定した社会で、人々は美術工芸や文学・演劇・園芸などさまざまなことに楽しみを見いだしていた。学問もそのひとつである。

じつは江戸時代の日本は教育先進国だった。武士には藩校や私塾、庶民には寺子屋という教育機関があってそれぞれの階層に応じた教材を使って学習しており、国民の識字率も高かった。役所からの重要な通達は各所に置かれた「高札《こうさつ》」という掲示板に書き出され、庶民もそれを読んでその指示に従った。イギリス人の社会学者ドーアは、「一八七〇年の日本における読み書きの普及率は当時の一部のヨーロッパ諸国と較べてもひけをとらなかった」ので、「文字で書いた布告による行政が社会の底辺まで届くことができた」と述べている。

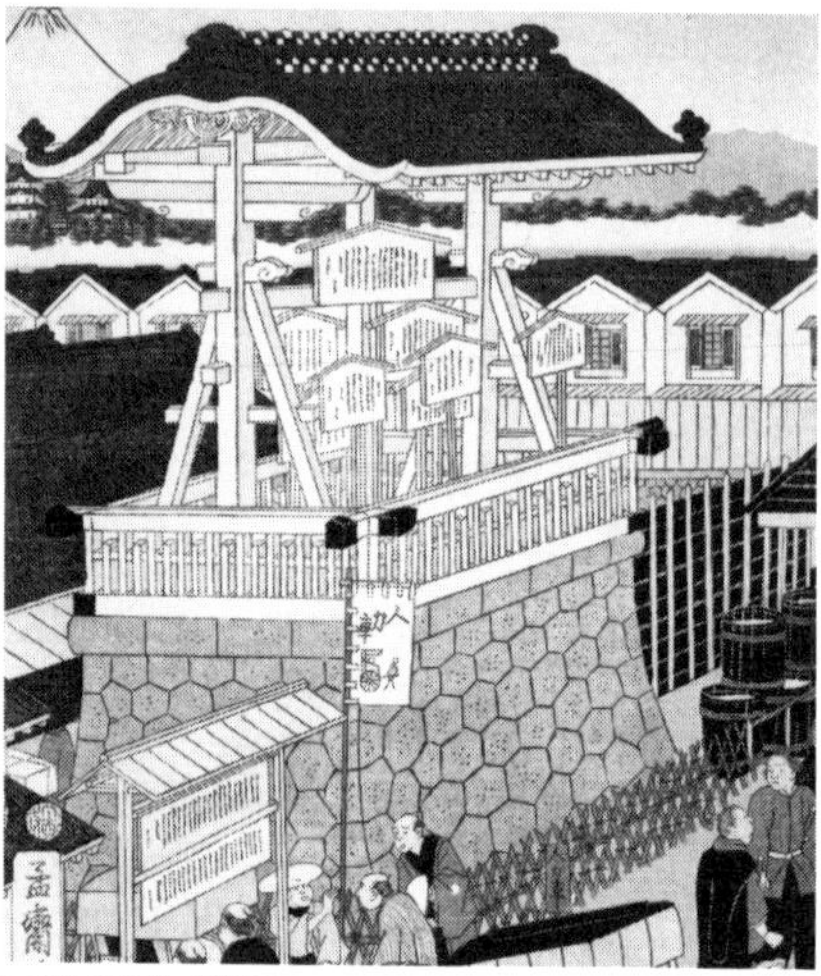

高札の掲示場所
歌川芳虎『東京日本橋風景（部分）』（国立国会図書館デジタルコレクション）

トロイア遺跡を発掘したことで知られるドイツ人考古学者ハインリッヒ・シュリーマンは一八六五年に江戸を訪れたときの感想を、「もし文明という言葉が物質文明を指すなら、日本人はきわめて文明化されているとこたえられるだろう。なぜなら日本人は、工芸品において蒸気機関を使わずに達することのできる最高の完成度に達しているからである。それに教育はヨーロッパの文明国家以上に行き渡っている。シナをも含めてアジアの他の国では女たちが完全な無知のなかに放置されているのに対して、日本では、男も女もみな仮名と漢字で読み書きができる」と書いている。

また近代工業国家をめざす上で重要な数学の分野においても、江戸時代の和算のレベルは世界の

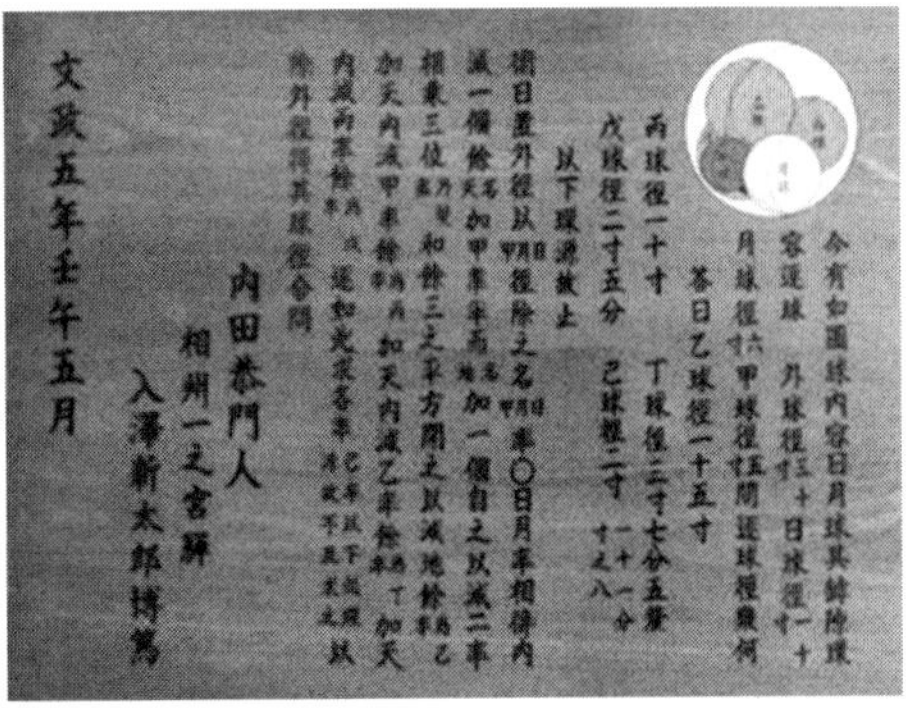

寒川神社算額（復元、部分）（寒川神社蔵）

数学者を驚かせるような水準にあった。たとえば同位元素の発明でノーベル化学賞を受賞したイギリスのフレデリック・ソディーが一九三六年に発表した「ソディーの六球連鎖の定理」は、それより一一四年前の文政五年（一八二二）に相模国（現在の神奈川県）の寒川《さむかわ》神社に掲げられた算額（神社に奉納する数学の問題が書かれた絵馬）にすでに記されていたのである。ヨーロッパでは数学は象牙の塔の住人だけに許されていたが、日本は体系立った数学教育こそなかったものの、庶民が数学を楽しんでいた希有な国だった。

日本の江戸時代は政治的・軍事的には停滞の時代であったが、その一方で学問や工芸技術は着実に成長していた。他の国ができなかったのに日本だけが世界に類をみない急速な近代化をなしとげられたのは、西洋の技術の受け入れに熱心だっただけではなく、勤勉で好奇心の強い国民性に加え、このような学問的・技術的素地があったからこそなのだ。

⊕西欧列強のアジア進出

一八世紀後半にイギリスで始まった産業革命は世界に大きな変革をもたらした。蒸気機関を動力とするさまざまな産業機械は工業の生産性を飛躍的に高め、蒸気船の登場によって活動できる地域も急速に拡大した。一九世紀に入ると農業社会から工業社会へと変化した西欧列強は原材料の供給地と製品の販売先を求めて、アフリカ・アジア各国をターゲットにした植民地獲得競争に走り出した。

天保一三年（一八四二）、アヘン戦争でアジア最大の国家だった中国（清）がイギリスに敗北して香港を植民地支配されたことがつたわると、日本の知識人たちは驚愕した。幕府はそれまでオランダと中国以外の外国船は見つけ次第追い払えという命令を出していたが、それを撤回し、遭難した外国船には燃料や食料・水を提供して穏便に返すようにという対応に変えた。

このような西欧列強の圧力を最も強く受けたのが、日本の玄関口に位置して島津家が支配する琉球と薩摩であった。すでに文政七年（一八二四）には薩摩藩領の宝島《たからじま》にイギリスの捕鯨船が来航して食料を要求、これを拒んだ島の役人との間で銃撃戦となり、イギリス人一名が射殺されるという事件も起きていた。

天保一四年（一八四三）、イギリス船が琉球に来航して上陸し、琉球側の退去要求を無視して測量を行った。翌弘化元年（一八四四）にはフランスの軍艦が琉球の首都那覇に来航して通信・貿易・布教を要求、琉球側がこれを断ると神父フォルガードと通訳を残留させ、翌年再び来ると告げて去っていった。これ以後は毎年のようにイギリス船やフランス船が琉球へ来航して通商を要求し続けた。

第三章　島津斉彬の危惧

⊕ 薩摩藩の世子

西欧列強のアジア侵略を最も危惧していたのが、琉球を支配下におく薩摩藩の世子《せいし》（次期藩主）島津斉彬《なりあきら》だった。彼は、日本が今のような状態のままでいては中国と同様に列強の植民地にされてしまうのは確実で、それをふせぐためには日本を西洋諸国と同じ近代工業国家に変えるしかないと考えた。

島津斉彬肖像（尚古集成館蔵）

　島津斉彬は文化六年（一八〇九）に薩摩藩主島津斉興《なりおき》（島津家二七代当主）の長男として生まれ、四歳の時には幕府から世子として認められている。フランス軍艦が琉球に神父を置いていった弘化元年（一八四四）には三六歳で、普通の大名であればすでに家督を継いで藩主となっている年齢だったが、父斉興が隠居を拒んでいたため、まだ藩主になっていなかった。

斉彬は当時の日本人にしてはめずらしく、早くから西洋文化に親しんでいた。というのも、斉彬の曾祖父となる島津家二五代重豪《しげひで》は蘭癖《らんぺき》（西洋かぶれ）といわれるほど西洋の文物を好んで、参勤交代の途中で長崎に立ち寄って唐人屋敷（中国人居留地）やオランダ商館を訪問したり、西洋のさまざまな品物を集めたりしていた。その彼が斉彬を非常にかわいがっていたからである。長崎のオランダ商館長スチュルレルが文政九年（一八二六）に江戸を訪問したとき、重豪は一八歳の斉彬を連れてオランダ人の宿舎を訪ねており、重豪に会ったドイツ人医師シーボルトは「対談中にはところどころでオランダの言葉を使い、（重豪）侯の注目を集めたいろいろな品物の名をたずねられた」と書いている。斉彬はこの重豪の影響を受けて、西洋文化に強い関心を持つようになった。

のちの話になるが、安政五年（一八五八）に日英修好通商条約締結のために来日した英国特派使節エルギン卿に随行したローレンス・オリファントは、当時聞いた話として「薩摩の領主（斉彬）が、長崎のオランダ人の駐在員たちの偉大な英雄だった。彼はたびたび訪問に来るようにと、彼らを招待した」とつたえている。みずからオランダ人たちと交流して、西洋の最新知識を得ようと努めていたのだろう。

⊕一流の人物と幅広く交際

江戸で生まれ育った斉彬は他の大名たちとの交流も多かったが、若い頃からその人格や識見によって皆に一目置かれる存在だった。若い斉彬の優秀さをしめす話がある。それは彼がまだ二一歳のとき、幕府の役人たちから「兵庫守殿（斉彬の役職名）が大大名なのは惜しい、小身の大名であれば老中にして国政をつかさどらせたいのに」と言われていたことだ。その理由というのは、斉彬の詰めている江戸城内の大広間で大名同士のもめごとがあると必ず斉彬に相談がきて、彼がそれを上手にさばいていたからである。先に述べたように、江戸幕府の大臣である老中の職に就けるのは五万石[3]から一〇万石の譜代大名に限られていた。外様でしかも七七万石という大身の島津家では、どれほど優秀であっても老中にはなれない。役人たちはそれを惜しがったのだ。

また交友関係も広く、大名に限らず、幕府でも老中首座の阿部正弘《あべまさひろ》をはじめとして優秀な官僚のほとんどと交流があった。現代の行政組織にたとえれば総理大臣以下各省の次官クラスまでほぼ押さえていたようなものである。また、主要な洋学者や漢学者についても同様であった。さらには、公家の筆頭である近衛《このえ》家と島津家が姻戚関係にあることから、朝廷にも太いパイプを持っていた。

3　江戸時代において、大名のランクは領内で収穫できる米の量（石高）で決まった。米の量をしめす単位である一石は一八〇リットル（約一五〇キログラム）で、島津家は大名中二番目の石高だった。

斉彬が藩主になってからの話だが、幕臣で斉彬と親しかった勝海舟《かつかいしゅう》は斉彬から、「京都（朝廷）と大名は私が引き受けてどうとでもできる」と言われたそうだ。そのように自負できるだけの人脈を築き上げていたということだろう。

㊉初めての帰国

天保六年（一八三五）、二七歳の斉彬は江戸を出て薩摩に向かった。正室の子である彼は江戸で生まれ育ったため、これが初めての帰国である。

このときに興味深い布告が出されている。それは斉彬が外出するときには、市中の人々は特別の準備は不要で、たまたま出会った人はそこで蹲踞《そんきょ》（相撲でよく見られる腰を落として控える姿勢）するだけでよいというものである。路上において身分の高い武士に出会ったとき、人々は土下座（両手を地面について ひれ伏す姿勢）をしなければならなかったが、斉彬はそれを不要とした。

薩摩では藩主だけでなく先代藩主や藩主の息子たちが外出するときには、事前に奉行や役人たちが道筋をチェックして、人々の活動を止めるなどのきびしい警備体制をとっていた。具体的には、見通しのよい十字路には壁を立てて目隠しをつくり、道路沿いの商店は戸を閉めて休業させ、人馬の往来をとめ、行列が近づくと先導者が声をかけて警告していた。郊外であれば農民はその日は田畑に出ることを禁じられ、終日農作業ができなかった。その結果として、ゴーストタウンのように静まった町や村を行列が通っていったのである。

しかしこれでは人々の迷惑になるし、経済活動がストップしてしまう。民衆とともにありたいと思っている斉彬は、藩主と領民を引き離すこのような扱いを嫌った。それで、「いつも通りの生活をして特別の準備は不要、もし出会ったらその場で蹲踞するだけでよい」とあらためたのである。この布告が斉彬の指示によるものだと知った人々は、領民思いの斉彬が早く藩主になってくれることを願った。

また弘化三年（一八四六）に二度目の帰国をした時には、領内福山において銃砲隊の大訓練を行っている。当時薩摩藩の銃砲隊は、二五〇年前と同じ火縄銃の流儀からオランダ伝来の西洋流まで、さまざまな流派が混在していた。というのも鎖国の状態に慣れた藩士たちの多くは変化を嫌って、旧態依然とした火縄銃や昔からつたわる大砲を好んでいたからである。斉彬は各流派にじっさいの射撃・砲撃を行わせてその優劣を競わせたところ、いずれにおいても西洋流がすぐれた成績をおさめたので、斉彬はその場で西洋流に統一することを命じた。

土下座（左）と蹲踞（右）

斉彬は西洋の武器の方がすぐれていることを知っていたが、藩士たちにその優劣差をわからせてから西洋流への変更を命じている。意見を押しつけるのではなく理解させる斉彬のやり方を見た藩士たちもまた斉彬が早く藩主になることを願った。

お遊羅騒動

薩摩藩の藩士や領民は斉彬が早く藩主になってほしいと願っていた。しかし、そうは思わない人物もいた。父斉興と、薩摩藩の家老たちである。

薩摩藩は幕府から命じられた他藩領の土木工事や参勤交代の負担などで莫大な借金を抱えていたが、先々代藩主重豪の時には派手な生活でそれがさらに膨らみ、五〇〇万両（現在価値では五〇〇〇億円）に達していた。これに対して藩の収入は年に一五万両前後で、利息の支払いもできない状況であった。斉興はこの借金返済に苦しんだが、財政を担当した家老の調所笑左衛門《ずしょしょうざえもん》が大変な苦労の結果、無利息二五〇年分割払いという破格の返済条件に変えることに成功して、ようやく一息ついたところであった。

斉興や家老たちは、曾祖父重豪に似て西洋好みの斉彬が藩主になればまた多大な投資をして、借金地獄に戻るのではないかと恐れて藩主の座を譲らなかったといわれている。しかし斉彬に期待を寄せる人々は、このような状態が続くことに不満を高めていた。

弘化四年（一八四七）、薩摩にいた斉興は斉彬の異母弟久光《ひさみつ》を軍役方名代《ぐんえきがたみょうだい》（軍事担当補佐官）に任じ、来春の参勤交代で自分が江戸に行った後は、国元で藩主の代理をつとめるように命じた。さらに翌嘉永元年（一八四八）には、久光を家老座（大臣会議）に出席させ、軍事以外の藩政にも関与させようとした。

久光は文化一四年（一八一七）に斉興と側室お遊羅《ゆら》の間に生まれた子で、斉彬の八歳年下である。斉彬と同じく聡明で学問を好んだが、斉彬が西洋に関心をしめしたのとは異なり、中国や日本の歴史・文学に造詣が深かった。学者肌の人物で、それまでは藩内でもあまり目立たない存在であった。一方、久光の母親であるお遊羅は、正室の弥姫《いよひめ》（斉彬の母）が亡くなった後は「お国御前《ごぜん》」と呼ばれて正室同様の扱いを受けていた。

久光が突然に政治の表舞台に出てきたことから、斉彬に期待している藩士たちは、お遊羅が家老と結託して、斉彬ではなく久光を次の藩主にさせようと画策しているのではないかと疑った。ちょうどその頃、斉彬の嫡男とその弟が相次いで病死したので、これはお遊羅一派に呪い殺されたのではないかという噂が広がっていき、ついにはお遊羅や家老を暗殺しようということをおおっぴらに言う者まであらわれはじめた。

島津久光肖像
『公爵島津家記念写真帖』（著者蔵）

嘉永二年（一八四九）一二月、斉彬を支持する奉行の近藤隆《こんどうりゅう》左衛門《ざえもん》や高崎《たかさき》五郎右衛門《ごろうえもん》ら六名が、暗殺計画の首謀者とされて切腹した。そして翌年さらに七名が切腹させられ、遠島などの処分を受けた者を合わせて五〇名が処罰されるという大騒動になった。これは「お遊羅騒動」とよばれ、斉彬は多くの支持者をうしなって窮地に立たされた。

ようやく藩主に

このような事態を救ったのは斉彬と交流のある大名たちだった。斉彬派の藩士四名が福岡に亡命して藩主の黒田《くろだ》長溥《ながひろ》に助けを求めたことで、事態は急変した。長溥は島津家から黒田家に養子に行った人物で、斉彬とは少年時代から懇意にしていた。長溥はすぐに有力大名や老中に状況をつたえて、斉彬の藩主就任への協力を要請した。依頼を受けた各大名は斉彬のことをよく理解していたので、彼を救うために熱心に動いた。中でも日頃から斉彬を相談相手にしていた阿部正弘は、老中首座であったことから幕府に強く働きかけた。そして、嘉永三年（一八五〇）一二月、薩摩藩主斉興に対し将軍徳川家慶《いえよし》から「朱衣肩衝《あけごろものかたつき》」という茶入《ちゃいれ》（茶道で用いる抹茶を入れる器）があたえられた。将軍が茶器をあたえるということは、現役を引退して茶道を楽しめという暗喩である。斉興も将軍の命令には従わざるを得ず、翌嘉永四年（一八五一）二月、隠居して家督を斉彬に譲った。こうして斉彬は四三歳でようやく藩主の座についたのである。

朱衣肩衝茶入写真（尚古集成館蔵）

第四章　日本を変えるにはまず薩摩から

薩摩の国風

斉興を隠居させて藩主になった斉彬は、日本を近代工業国家にするという大目標を実現するために、まずは薩摩から変えていこうとした。しかし、その前には大きな壁があった。当時の薩摩は戦国武士の気風を残した、日本で一番古い体質の国と言ってもよい状態だったのだ。

薩摩の武士は昔から勇猛果敢であることが最も重要であるとされ、学問を馬鹿にする風潮が強かった。斉彬に仕えて後述の集成館事業に携わった市来四郎《いちきしろう》も、自分が若い頃（斉彬藩主就任以前）は、学問をすることを友達に隠さねばならなかったと語っている。子供の頃から、武士の本分とは戦で討ち死にすることだと教え、（兜の代わりに）書物を頭にかぶって戦ができるものではないと言って、学問を卑しめる藩風だった。

そして、このような考えに凝り固まった藩士たちは、他人の意見を聞こうとしない。国元で斉彬に側近として仕えた川南盛謙《かわなみもりかね》は、斉彬着任当時の薩摩のことを、「何にせよ頑冥不霊《がんめいいふれい》（道理がわからず頭がわるい）の連中が多かったから、主君の命令といえども腹を切って拒むと云《い》えばおさえようがない。それ位に頑固な国風であった」と述べている。

このように武骨であることを重んじて学問を軽視する気風だったから、斉彬が藩主に就任した頃の薩摩には他藩に名を知られるような人物は誰もいなかった。江戸に留学していた薩摩藩士の中原《なかはら》猶介《なおすけ》は、名君と言われる藩主たちもじつは優秀な家臣に支えられているだけのことが多いが、斉彬侯だけは「臣下に人なく補佐なし」と言われているとの風評を報告している。薩摩に人材がいないというのは当時広く知れわたっていた。新藩主斉彬は薩摩を近代化するために、この国風を変えて、有為な人材を育てることから始めねばならなかった。

⊕藩主として初帰国

嘉永四年（一八五一）三月九日、斉彬は藩主として薩摩に帰るために江戸を出発した。途中三月二七日に京都で近衛家を訪問し、家督を継いだ挨拶をしている。近衛家というのは天皇に仕える公家《くげ》[4]の最高峰にいる五摂家《ごせっけ》（近衛・九条・二条・一条・鷹司《たかつかさ》の五家）の筆頭で、臣下としては天

4　公家は朝廷に仕える上級の官吏。将軍を頂点とする武家にくらべると官位は高いが収入は少なく、最高ランクの五摂家でも二〇〇〇石程度だった。

皇に最も近い家柄である。

島津家は初代忠久が近衛家に仕えたという関係でつながりがあり、その後も交流が続いていた。斉彬の姉郁姫《いくひめ》（嘉永三年死去）が近衛家に嫁いでいたため、当主忠熙《ただひろ》は斉彬の義兄弟だった。斉彬を歓迎する宴が催された部屋には斉彬が描いた牡丹の絵が飾られていたが、これは斉彬を尊敬する忠熙が特に準備させたものであった。朝廷の最有力者である近衛家のこのような姿勢は、斉彬にとって政治的に大きな力となるものだった。

五月三日、斉彬は薩摩の北端出水郷《いずみ》に到着、叔父の島津忠剛《ただたけ》が慣例によって出迎え、これも慣例で非常招集の鐘が鳴らされて出水郷の武士たち約二〇〇〇名が戦支度で駆けつけ、新藩主を歓迎している。この後鹿児島城に向かう途中、川内川《せんだい》の河口にある久見崎《ぐみざき》軍港に寄ったが、その時殿様を歓迎する地引き網漁が行われると、網の中に立派な鯛が数十尾も入っていた。斉彬はそれを見て大笑いし、「川で鯛がとれるものか。以後はこのような欺妄《ぎもう》をするでないぞ」と申し付けた。役人たちは殿様の歓心を買おうと、何日も前から各所でとって飼養しておいた魚を網に入れたのだが、それを見破られ、逆に叱られてしまった。不正やお世辞を嫌う斉彬の姿勢が、お国入り早々にしめされたわけである。

⊕ 意見募集と困窮者救済

斉彬が帰国して最初に行ったのは政務方針の発表で、誰でも遠慮なく意見を申し出るよう促した。

斉彬に仕えていた市来四郎によると、斉彬は上がってきた意見書にはもれなく目を通して、間違っていたり疑問点があったりしたものには付箋をつけ、採用する場合は意見を述べた者に「如何にももっともなことである。尚はばからず云うがよい」などと声をかけた。このように殿様が読んでくれるので誰もが意見を述べるようになり、士分はもちろん、百姓でも町人でも上言するようになった。

次には米価引き下げと困窮者救済に着手した。その前年に領内を襲った大風で農作物の被害が大きく、そこに商人の売り惜しみも加わって米価が高騰し、人々が生活に困っていたからである。まず藩の貯蔵米四〇〇〇石を放出して米価を下げようとしたが、藩が損をすることを嫌がった役人が高値で払い下げたために米価は下がらなかった。というのもそれまでの藩の方針は、重豪時代にふくれあがった巨額の負債を解消することだったので、新しい藩主の指示とはいえ、藩の利益にならないことをするなど思いもつかなかったのだろう。斉彬は役人を叱り、あらためて五〇〇〇石の米を安い値段で放出して米価を引き下げた。これに加えて、七月と八月の二回にわたって禄高の少ない者や藩の役についていない貧窮士族約二〇〇〇戸に対し、一カ月分の生活費に相当する一俵ずつの米を配った。

市来四郎
東京科学博物館編『江戸時代の科学』
（尚古集成館蔵）

斉彬は「食うことに困る者に条理を説いてもしかたがない」と言って、まずは藩士たちの生活安定に力を注いだ。人々が安心して暮らせるようにしなければ改革などできるものではないことを、よく知っていたのである。

末端にいる藩士たちを思いやる斉彬の姿勢をよくしめしたエピソードがある。これも新藩主になって間もない頃、斉彬は藩士たちの士気を鼓舞するために、関狩《せきがり》（大規模な軍事演習）を催すことにした。ところがその前日の晩より雨が降り始め、当日は激しい雨風となった。そこで家老の島津石見《いわみ》が、本日の関狩は中止しましょうと進言した。すると斉彬はたいそう不機嫌になって、「関狩の催しがあるから、藩内の各地域からすでにたくさんの兵士が城下に集っているし、城下の武士たちも皆前夜から雨に打たれて難儀しているではないか。今になって関狩を延期すれば、これまでの難儀を取り戻すことができると汝は思うのか。一体家老などという者は遠路には馬や船を使い、雨風の時には駕籠《かご》に乗って行くから、平素自分の部下たちがどれほど難儀するかがわからないのだ。今日などはよき折りなので、その方ら家老も雨に打たせて難儀なことを少し経験させてやろう。たとえいかほど強い雨が降っても、関狩を延期することは断じて相成らぬ」と強い言葉で命じた。この話をつたえ聞いた武士たちは喜び勇んでことに従い、かかる君公のためにはいつ命をうしなっても惜しくないと話し合ったとのことである。

㊉ 教育改革

困窮者救済に続いて行われたのが教育改革である。一言でいえば「学問で出世できる」ようにし、意欲があれば貧しい下級武士でも学習できるという環境に変えていった。

当時の薩摩は、下級武士は貧しいため学問の機会を得ることができず、上級武士は身分制度に安住して学問を怠っていた。さらに藩校の造士館《ぞうしかん》は城下士の嫡男しか受け入れず、教育内容も朱子学に限られて、教師たちは生徒が書いた文章の巧拙を評価するだけ。郊外に居住する郷士《ごうし》（外城士《とじょうし》）たちは近所の知識人に教わるか独学するしかないが、本屋もろくにないので教材が手に入らないという劣悪な環境だった。

困窮者救済で生活不安を取り除いた斉彬は、それまで家柄一辺倒だった藩士の登用基準をあらため、学業優秀者も取り立てることで下級武士の学習意欲を高めた。また、指導者層たる上級武士には率先垂範して文武の修行にはげむことを要求する通達を出して、上級武士たちにも危機感を持たせた。さらに、主たる教育対象を城下士の嫡男としていた旧来の考え方をあらため、城下士より一段身分の低い郷士や家督を継げない二・三男以下にも造士館の入学資格をあたえた。

このようにして教育の枠組みをあらためることで、能力があり努力する者が台頭できるように変えていったのである。

教育内容についても方針を明確にした。それまで造士館では中国の古典を学び漢文の文章力を向上させることが主眼だったが、斉彬は「学問というものは義理（ものごとの正しい筋道）を明らかにして心を正し、己をおさめ人をおさめる器量を養うことが目的なので、社会の倫理・実用の役に立たなくてはならない」として、実用に役立つことを教えるように指示した。

また、薩摩には現代でいえば小学生から大学生までの年代の青少年が互いに教え合う、「郷中教育《ごじゅう》」という独特の地域教育システムがあった。これは各町内をひとつの単位として、そこに居住する下級武士の子弟が一カ所に集って、読書（四書五経や軍記）、剣術修行、山坂を走る競争、年長者から年少者に対する口頭試問（生活指導を含む）などを行うもので、イギリス発祥のボーイスカウトは、年長者が年少者を指導するこの郷中教育の仕組みにヒントを得て組織されたという説もある。これは規律を養うという面ではすぐれていたが、独善的になりがちという欠点もあり、郷中同士の諍《いさか》いもよく見られた。

斉彬はこの郷中教育についても、部外秘とされていた各郷中の掟書《おきてがき》（ルールブック）をすべて提出させ自分自身で確認した上で、各郷中に掟書の改定を具体的に指示した。そこでは礼儀や文武精励に加えて「筆算の修行」を明記しており、これによって実務ができる人材を育成しようという斉彬の意図が読み取れる。

さらに斉彬は、自分が指示したことが実行されて効果を上げているか検証するとして、安政三年（一八五六）二月に次のような諭書を出している。

「この春より諸役人は勿論、馬廻《うままわり》新番、横目《よこめ》、中小姓、諸座《しょざ》書役《かきやく》、すべての諸士、郷士、与力《よりき》など、追々、名指しで呼び出し、昨年の冬以来修行した武芸・学問・手跡（書道）などを試験することもあるので、前もって漏れなく知らせておく。当日不意に呼び出すこともあるだろうが、外勤とか遊歩などと外出を理由にして毎回参加しない者は、必ず取調べて処分を行うので、このこともあらかじめつたえておく。また、右に記した地位以下の者で、日頃の心掛けがよく文武練達の者もいるだろうから、支配頭《しはいがしら》は事前に調べておいて、尋ねられたら報告すること」

つまり抜き打ちでテストを行うことと、サボったら罰するということを予告したのだ。言いっぱなしにせず、きちんとチェックするところが斉彬らしい。

⊕奨学金制度と藩校入学資格拡大

斉彬は下級武士が学問に専念できるように奨学金制度も新設した。これは造士館生の成績優秀者上位一五名に「稽古扶持《けいこぶち》」として年四石を一年間付与するもので、年四石は下級藩士初任給並みの水準である。かつ、優秀者には翌年以降も続けて支給するようにして、学習継続のインセンティブをあたえた。

また、前述のように二男以下も希望すれば造士館で学ばせたが、その中で成績優秀な者は造士館教員登用の道を開いた。江戸時代においては職業イコール家業で、家を継げなければ社会的な立場を認めてもらえなかったため、二男以下はいわば生まれながらの失業者であり、「部屋住み」とか

「御厄介様《ごやっかい》」と呼ばれて、社会人扱いされなかった。
このような境遇から抜け出すには、他家に養子に行くか兄が亡くなるのを待つしかなかったのであるが、この新制度により、勉強すれば御厄介様から脱却することが可能になった。これは学問へのインセンティブになるとともに、人材供給源の拡大策でもあった。

斉彬時代の鹿児島城（明治５年撮影、翌年焼失）（尚古集成館蔵）

意欲のある者が学習しやすくするための環境整備も行っている。当時の薩摩には小さな本屋が一軒あるだけで、欲しい本は江戸や京・大坂から取り寄せるしかないため輸送費がかかって高くついた。斉彬は藩で本屋をつくって安く販売し、その値段でも買えないが勉強したいという者には無料で本を貸し出した。加えて城内に図書館をつくり、自身が収集した春叢《しゅんそう》文庫の閲覧や写本を許可している。

余談であるが、斉彬は本だけでなくモノも貸しあたえた。たとえば鉄砲では、昔からある火縄銃を火縄がいらない雷管式に改造した銃を研究用に貸し出したが、旧来のやり方に固執する砲術師範たちは見向きもしなかった。

しかし、村田経芳《つねよし》という弟子だけが熱心に研究して、斉彬死後に新型の後込銃を完成させ、天保山《てんぽうざん》の練兵場において新藩主忠義《ただよし》以下役人たちの前で火縄銃との撃ち比べを行い、圧倒的な強さを見せつけた。[5] 彼は後に明治日本軍の制式銃である村田銃[6]をつくり上げ、その功績で陸軍少将となって男爵をさずけられている。

㊉留学制度

優秀な人材を育成するためには、優秀な指導者の下で学ばせるのが近道である。そこで斉彬は藩費による留学生制度も新設した。当時は鎖国体制下で、海外留学は不可能だったため、江戸・大坂・長崎などの学問先進地に国内留学させることで人材の早期育成をはかったのだ。留学費用として三人賄料《まかないりょう》（年に金一八両、米五・四石）を支給し、授業料と生活費を賄えるようにした。

この選考について面白い話がある。最初は留学生の選考を造士館に任せたら、造士館の学生しか選ばれず、郷士は皆はねられた。これは郷士が造士館に入学できなかったので学問の成績がわからず、選考対象からはずされていたためである。それを知った斉彬は選考基準を改定し、「現在は学問が未熟であっても、本人が他国に行って真実に修行いたす意思があればよい」とした。

5　ただ当時は後込銃を量産できなかったため、装備品とはならず。
6　村田銃は日本陸軍が明治一三年（一八八〇）に採用した最初の国産小銃。欧米の最新鋭銃に劣らない性能で、二〇〇年以上あった西洋とのギャップを一気に解消した。

また、学ぶ内容もかつては朱子学のみであったが、留学生が自由に選んでよいとした。朱子学という古代中国の知識では変化に対応できないので、日本の歴史や制度を知る国学や西洋の科学技術である蘭学を学ぶことを認め、留学先となる私塾も自由に選択できるようにした。

このような中、江戸に出て杉田成卿《すぎたせいけい》の塾で蘭学を学んでいた竹下清右衛門《せいえもん》は、塾で出会った奈良の浪人石井密太郎《みつたろう》が非常に優秀であることを知り、石井を薩摩に招くように進言した。その後石井は師の口利きで伊勢の藤堂《とうどう》藩に仕えることとなったが脱藩し、石河確太郎《いしかわかくたろう》と改名して薩摩に入った。石河は後述の集成館事業に従事するかたわら数十人の弟子を教えるなど藩士教育にも努めた。彼はこの後、薩摩や堺の紡績所建設並びに運営を担当したほか世界遺産となっている富岡《とみおか》製糸場の建設と運営にも携わり、日本の産業革命の中心となった紡績業の創設に大いに寄与した。

石河確太郎（尚古集成館蔵）

第五章　集成館事業

⊕日本を植民地にさせないための工場群

集成館《しゅうせいかん》とは、島津斉彬が薩摩の磯《いそ》地区に建造した工場群である。嘉永四年（一八五一）に藩主となった斉彬は日本を西欧列強の植民地にさせないためには、一刻も早く近代工業国家に変えなければならないと考えていた。そうして国元に帰るとただちに始めたのが、後に集成館と名づけられた工場群の建設である。とはいえ当時の日本ははまだ鎖国下であり、西洋に工場の実物を見に行くことも、西洋人の指導を受けることもできなかった。近代工業国家をめざすためには長崎から入ってくるオランダの書物だけを手がかりにして、見たこともないものをつくるという、至難の業に挑むしかなかったのである。

列強から日本を守るには軍艦が必要になる。そのためにまず着手したのは、洋式船の建造と鉄製の大砲鋳造であった。江戸時代においては国内で建造できる船舶はすべて不安定な小型船で、日本の沿岸しか航海できないものに限られていた。すでに述べたようにこれは日本の造船技術が未熟であったのではない。じっさい、海外渡航が可能であった一六世紀から一七世紀初頭には大型の軍船や商船が建造されていた。豊臣秀吉が朝鮮出兵のためにつくらせた「日本丸」は全長が約三〇メートルで推定排水量三〇〇トンだったし、寛永一二年（一六三五）三代将軍徳川家光の時に建造された「安宅《あたけ》丸」は推定排水量が一七〇〇トンという巨船であった。この当時日本に来航していたヨーロッパ船の排水量が四〇〇トンから一六〇〇トンだったことと比較しても遜色がなく、日本製の船で中国や東南アジアとの交易を行っていた。

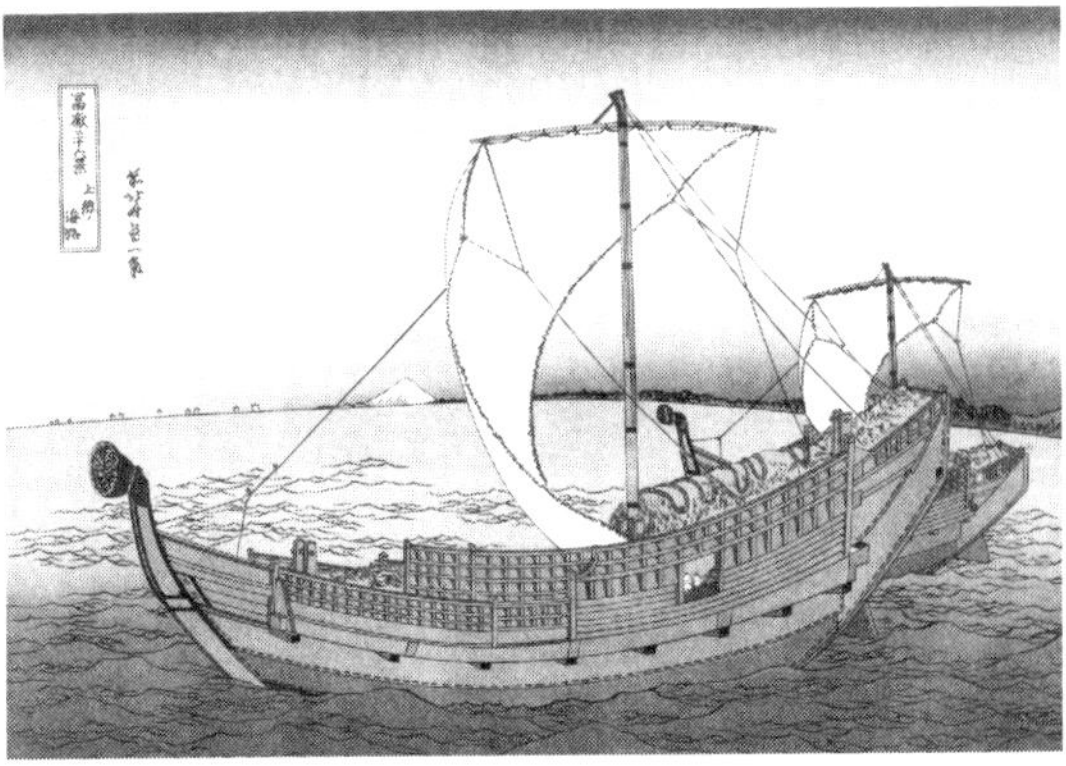
江戸時代の日本船
葛飾北斎「富嶽三十六景　上総の海路」（国立国会図書館デジタルコレクション）

しかし、慶長一四年（一六〇九）に幕府は諸大名が保有する五〇〇石積（積載量七五トン）以上の軍船を没収し、以後同規模の軍船建造を禁止した。また民間の船も一本マストのみと定められ、外洋航海ができる船を建造する技術は停滞してしまった。

この間西洋では造船技術が進歩し、船舶の大型化や高速化が進んだ。そして産業革命によって蒸気機関で動く船が登場すると、日本と西洋の造船技術格差はますます拡大した。このように進んだ技術で建造された軍艦が日本を脅かす状況に直面して、斉彬は日本を守るためには海軍力の強化が必要であり、それに加えて諸外国との交易を進めるためにも、外洋を自由に航海できる洋式船は欠かせないと考えた。

⊕洋式船を研究

じつは薩摩には、斉彬以前にじっさいに三本マストの洋式船を建造した人物がいた。斉彬に仕えた市来四郎の父、寺師正容《てらしまさたか》である。寺師は薩摩が支配する琉球やその周辺の島々との往来で遭難する船が多いことに心を痛め、長崎に来航するオランダ船を見学したり、洋式船の構造を知る人物に教えを請うなどして、文政五年（一八二二）頃に「伊呂波丸《いろは》」という洋式船をつくり上げた。薩摩藩ではこの船を琉球船の模造であると幕府に届け出て琉球との輸送に使用したが、数回使用したところで強風に遭い難破したとつたわっている。

斉彬は市来やその兄の寺師宗道《むねみち》を呼んで伊呂波丸の図面を提出させ、さらに長崎などから洋式船の資料を取り寄せて研究を進めた。そうして嘉永四年（一八五一）一〇月には自分の別邸がある鹿児島の磯地区に造船所を築いて、洋式船の建造を開始したのである。この船は安政元年（一八五四）頃に完成して、同じ「伊呂波丸」と名づけられたようだが、残念ながらその詳細はわかっていない。

洋式船を自力で建造するためには、西洋の進んだ造船技術が必要になる。斉彬が薩摩にいた嘉永四年（一八五一）七月、天の助けのようにその造船技術を知る人物があらわれた。土佐（現在の高知県）の漁師だったジョン万次郎である。彼は漂流しているところをアメリカの捕鯨船に助けられ、

越通船

船長の好意によりアメリカ本国の学校で英語や数学に加え測量・航海・造船の技術を学んだのち捕鯨船員となった。その後望郷の念にかられ琉球に上陸したところを保護され、当時海外との窓口となっていた長崎に送るために琉球から薩摩に送還されたのである。斉彬は万次郎をすぐに長崎に送ることをせず、四〇日以上城下に留めて船大工などを通わせ、万次郎から造船法を学ばせた。そして、万次郎から得た知識をもとにして全長一五メートルで二本マストの小型洋式船「越通船《おっとせん》」を完成させたのである。伊呂波丸や越通船は実験船のような位置付けであったが、同型の物を何隻も建造して実用に供していることから、性能面でもすぐれていたと思われる。

⊕ 西洋式軍艦建造と日の丸の採用

斉彬は、伊呂波丸や越通船の建造の進捗を見て、いよいよ本格的な洋式船の建造に乗り出そうとした。しかしそれを実行するには、幕府の大船建造禁止令をクリアする必要があった。当時の幕府にとって、西欧列強の侵略も心配だが、国内有力大名の造反も同様に心配の種であり、簡単に建造許可が下りるはずはなかった。そこで、斉彬は以前から親しい老中首座の阿部正弘に相談して、

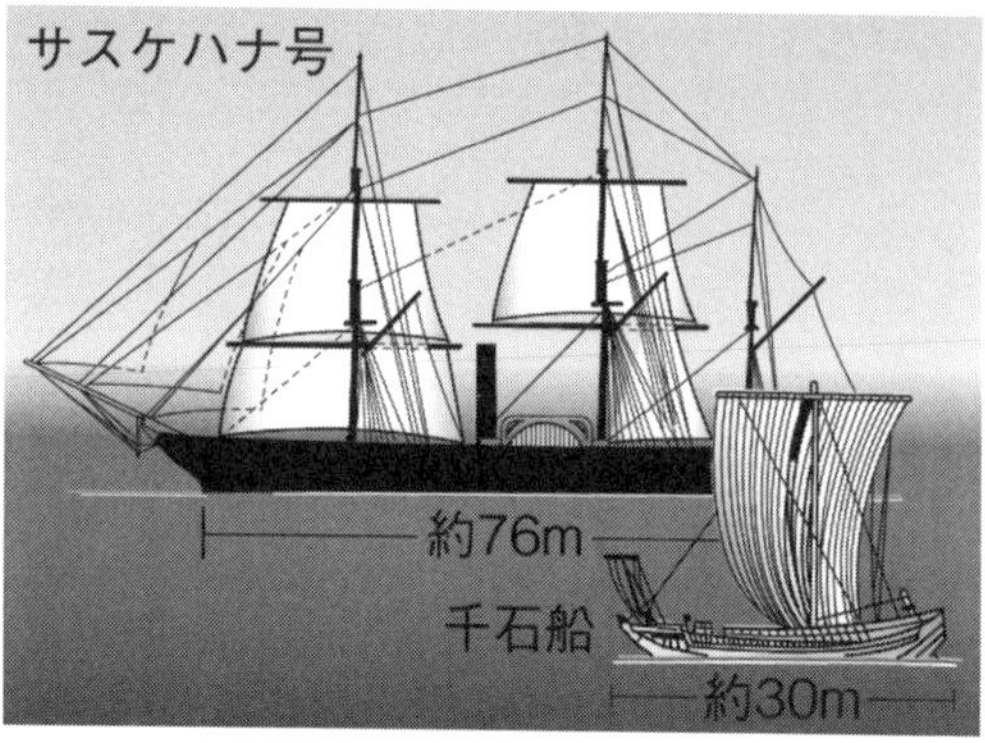

サスケハナ号と千石船の比較

「琉球大砲船《りゅうきゅうたいほうせん》」をつくることで許可を得ようとしたのである。これは琉球と薩摩の間を運航する船であるが、名目上中国（清）に従属している琉球から中国へ進貢使を送る船が海賊に備えて武装しているので、同様のものをつくりたいと届けたのである。琉球は名目上独立国だから船の建造には幕府の許可がいらないし、琉球と薩摩の間を航海するだけで薩摩領外には出さないとした。当初は琉球で建造するともうしでたが、嘉永六年（一八五三）四月に幕府から許可が下り、建造場所も薩摩藩内の桜島でよいとされた。

　そして琉球大砲船の建造が始まって間もない嘉永六年（一八五三）六月、二五〇年以上続いた日本の天下泰平に終わりを告げる大事件が起きる。アメリカ東インド艦隊の軍艦四隻が江戸湾の入り口となる浦賀沖にあらわれたのだ。司令長官ペリー提督が乗船する蒸気フリゲート艦サスケハナ号は水線長（水面に触れている部分の長さ）七六メートル・排水量三八〇〇トンで一五門の大砲を装備しており、当時日本最大とされた千石船《せんごくぶね》（弁財船《べざいせん》・排水量約二〇〇トン）の二〇倍近い大きさだった。日本が帆船しか知らなかった時に、蒸気の力で外輪を回すことにより、風や潮流に逆らって進むことができるこの巨艦を見た日本人は仰天し、「黒船」と呼んで恐れおののいた。

ペリー艦隊来航によって海防の重要さに気づいた幕府に対し、斉彬は日本も西洋諸国に対抗できる軍艦を持たなければならないと大船建造の解禁を訴え、同年九月に大船建造禁止令は廃止された。斉彬は建造中の琉球大砲船を西洋式軍艦に変更して安政元年（一八五四）一二月に完成、「昇平丸《しょうへいまる》」と命名されたこの船は全長三一メートルで大砲一〇門、臼砲二門、自在砲という小型砲四門を搭載した日本最初の西洋式軍艦である。

西洋式軍艦建造を幕府に願い出たとき、斉彬は「外国船と区別するため、白地に朱色の日の丸の旗を日本船の総船印にしたい」と提案した。それまでの日本船は独特の船形から一目で日本の船とわかったが、西洋の船と同じ形になれば区別するための印が必要になる。斉彬は日本という国名にふさわしく、太陽を象徴する日の丸を日本の総船印にすべきだと考えたのである。この提案は安政元年（一八五四）に幕府に認められ、明治政府にもひきつがれて、明治三年（一八七〇）には日の丸を日本の国旗とすることが定められた。

昇平丸模型（尚古集成館蔵）

⊕ 蒸気船の建造

斉彬が最終的にめざしていたのは、風や海流に逆らって進むことができる蒸気船の建造であった。彼は藩主に

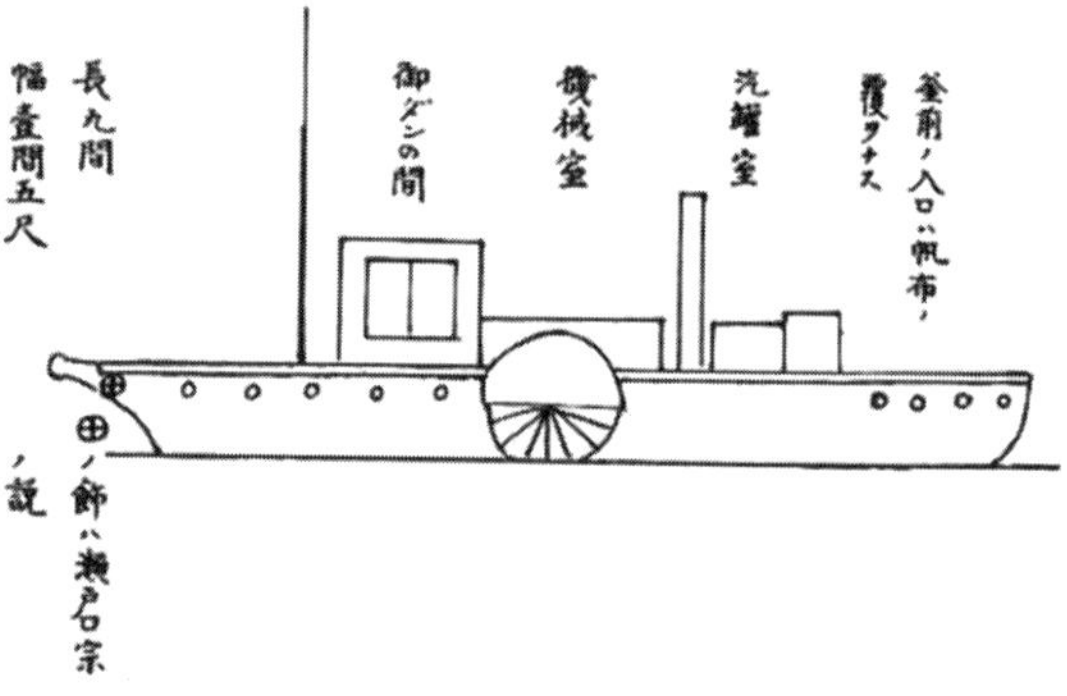

雲行丸図　『薩藩海軍史』より

なる前の嘉永元年（一八四八）に、オランダ人フェルダムによる蒸気機関についての解説書を幕府の翻訳員箕作阮甫《みつくりげんぽ》に翻訳させた。翌嘉永二年（一八四九）にこれが『水蒸船略説』として完成すると、斉彬はこれをもとにして蒸気船や蒸気機関車の研究に着手した。嘉永三年（一八五〇）に斉彬が親しくしていた有力大名である水戸藩の徳川斉昭《なりあき》に送った手紙には、外輪蒸気船の模型をつくったから見てほしいと書かれている。

嘉永四年（一八五一）に藩主となると、蒸気機関の研究はさらに加速し、江戸だけでなく薩摩でも研究や試作を行うように命じた。しかしじっさいに見たこともない蒸気機関を、書物による知識だけでつくろうとする試みは困難を極めた。そこで安政元年（一八五四）には技術者を長崎に派遣してオランダの蒸気船に乗船させ、蒸気機関の実物を見学し、オランダ人の指導を受けることで理解を深めさせた。自分たちだけでできないことについては知識のある者の助力を求めるという斉彬の柔軟な姿勢は、体面を重んじる江戸時代の大名にはめずらしいものであったが、この結果として蒸気機関の研究は急速に進み、安政二年（一八五五）七月には、江戸の藩邸に諸大名を招いて試作した蒸気機関を動かしてみせるまでにいたった。

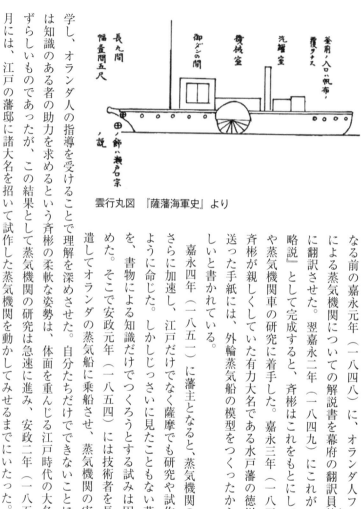

そして八月には、この蒸気機関を鹿児島から回航してきた越通船に搭載して藩邸前の海で試運転を行い成功した。これが日本最初の蒸気船「雲行丸《うんこうまる》」である。安政五年（一八五八）に鹿児島でこの雲行丸を見たオランダの海軍将校カッテンディーケは「その機関はフェルダム教授の著書に載っている図面だけを頼りにつくられたものである。なにぶん初めての試みであったから、非常に不完全なものであった。シリンダーの長さからすれば、その機関は約一二馬力のはずだが、コンデンサーに漏洩部があったり、その他いろいろの欠点があって、じっさいはわずかに二、三馬力しか出ない」と評している。しかし彼はこれに続けて、「何としても一度もじっさいに蒸気機関を見たこともなくして、ただ簡単な図面をたよりに、この種の機関をつくった人の才能の非凡さに、驚かざるを得ない。我々オランダ人でも、蒸気機関の働きに、十分の理解を持つまでになるには、並み大抵の苦労ではない」と薩摩の技術者たちの才能を絶賛している。

ただし蒸気船の建造事業については、安政四年（一八五七）に中止されている。これは後に述べる国内政治情勢の急変によって、これまでのように研究開発に時間を費やす余裕がなくなったためである。斉彬は藩で蒸気船を建造できるまで数年待つのではなく、必要な船は今すぐ外国から購入し、優秀な技術者たちを他の事業に回した方がよいと判断したのだ。

こののち、万延元年（一八六〇）から慶応三年（一八六七）までの八年間の間に薩摩藩が購入した外国船は一七隻（うち一五隻が蒸気船）で、これは大名では最も多かった。蒸気船であれば当時政治の中心だった京都に行くための日程が従来の三分の一から四分の一に短縮でき、しかも人員や物資の大量輸送が可能となる。じっさい幕末の薩摩藩は蒸気船を十分に活用して、機敏に行動した。

反射炉模型（仙巌園内世界遺産オリエンテーションセンター）
（著者撮影）

薩摩藩が明治維新の主役となれたのは、文明の利器である蒸気船を早く揃えるという斉彬の決断があったからだ。

大砲鋳造のために反射炉を建造

斉彬が藩主就任後真っ先に着手したもうひとつの事業が大砲鋳造である。西洋列強の軍事力に対抗するために必要となるものは大砲だが、当時の日本で使われていた「こしき炉」では大砲をつくるのに必要となる大量の鉄を一度に溶かすことはできなかった。そこで、これもオランダの書物にあった「反射炉」を建造しようと考えたのだ。

反射炉というのは耐火レンガで構築された金属の溶解炉で、燃料を燃やす燃焼室と金属を溶かす溶解室がわかれているのが特徴である。燃焼室で発生した熱が耐火レンガの天井や炉壁で反射して、溶解室の金属（銑鉄）を溶かし、溶けた鉄が一定量溜まったところで鋳型に流し込んで大砲を鋳造する。反射炉のシンボルである高い煙突は燃焼を促進するための工夫で、燃焼室から溶解室に流れ込む空気が高い煙突を通ることで上昇気流が起こり、その吸引効果が自然送風となることから、鞴《ふいご》

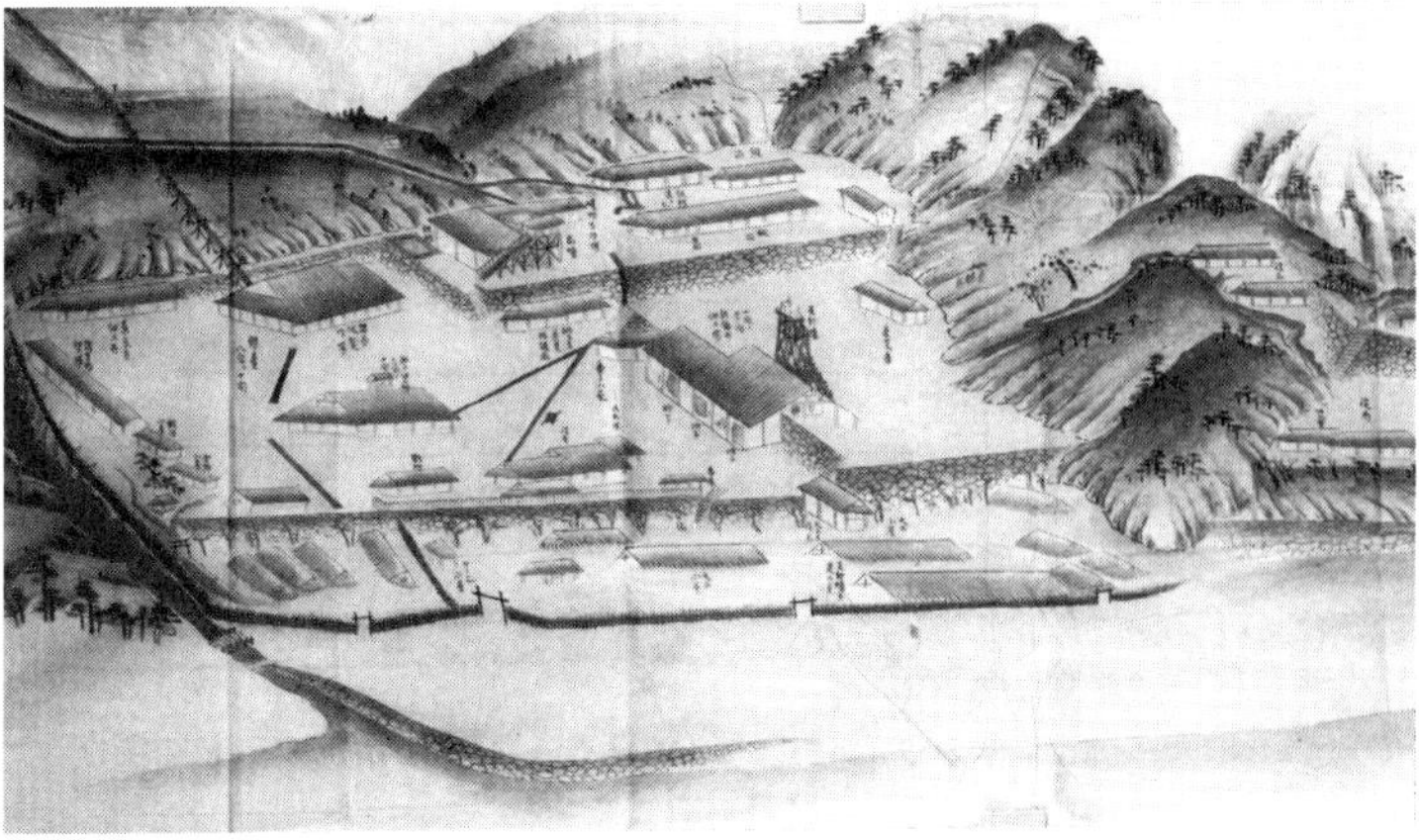

薩州鹿児島見取絵図（集成館が描かれた部分）（武雄鍋島家資料　武雄市蔵）

などの送風装置が不要となる構造である。

融点の高い鉄を溶かす反射炉をつくるには、約一五〇〇度の熱に耐える耐火レンガが数万個必要となる。加えて燃焼室の下部構造は大量のレンガや鉄の重さに堪えて、しかも熱を逃さない、しっかりした石組みが必要となる。だが当時の日本にはこのような高温に耐える耐火レンガもなければ、燃焼室や溶解室となる大きなドームをつくった経験もなかった。

日本で最初に反射炉の建造に成功したのは佐賀藩である。佐賀藩ではオランダ陸軍ヒュゲニン少将が著した『ルイク国立鋳砲所における鋳造法』を入手し、それを翻訳して得た知識をもとに工夫をかさね、二〇回近い失敗の末に反射炉を建造した。この佐賀藩主鍋島直正《なべしまなおまさ》は斉彬の従兄弟で、懇意にしていたことから、斉彬は佐賀藩から翻訳書を譲り受けて、嘉永五年（一八五二）に反射炉の建造に着手した。翌年、最初の炉が完成したが、運転を始めると炉内の温度が思ったようには上がらず、耐火レンガも鉄と一緒に溶け出し、炉本体も傾くなどひどい失敗に終わった。

その後もこのような失敗が続き、技術者たちは「自分たちには反射炉はつくれない」とあきらめかけたこともあったが、斉彬に言われた「西洋人も人なり、佐賀人も人なり、薩摩人も人なり、くじけずにますます研究すべし」という言葉にこたえようと努力を続けた。

斉彬の言葉は、「同じ人間なのだからできないはずはない」というはげましだが、当時は外国人を夷狄《いてき》（野蛮人）とよんで軽蔑する風潮があったり、逆に西洋の進んだ文明を知って畏怖したりしていた。そのような中で、「西洋人も日本人も同じだ」という考え方はじつはめずらしい。これこそが集成館事業が成功した鍵であり、ひいては日本が近代化に成功した秘訣である。

⊕反射炉建造に成功

担当者たちはこのような斉彬の期待にこたえようと、西洋の図面に自分たちが持っている技術を応用して反射炉の建造に邁進した。基礎資材の耐火レンガは鹿児島の陶器である薩摩焼の職人が各地の土を焼き比べてつくり上げた。現在残っている下部構造は大きな石を組み合わせてつくった頑丈なもので、燃焼室は石と石の間がカミソリの刃一枚も入らないほどの精密さだが、これは城の石垣をつくる石工によるものだと言われている。また燃焼室と溶解室をおおうドームも当時の薩摩にはなかったが、こちらは石橋をつくる職人が担当したのではないかと思われる。そうして安政四年（一八五七）、薩摩藩の反射炉はついに完成し、念願の大砲鋳造に成功した。

斉彬は親しい大名である福井藩主の松平慶永《まつだいらよしなが》にあてた手紙で、「反射炉がこのたび十分に出来上がったので大変喜んでおり、大いに宣伝申上げます」と子供のようにはしゃいでいる。

じつは同じ頃、中国やエジプトも西洋に追いつこうと近代化に取り組んでいたが、彼らは西洋人技術者につくらせて、運営も西洋人に任せたため、自分たちの技術とすることができないばかりか、莫大な経費が財政を圧迫して、近代化に失敗してしまった。これに対して日本は、支配者層が率先して西洋の進んだ文明を学ぶことにつとめたのに加え、反射炉の建造に見られるように、鎖国によって外国人の指導を受けることや資材を入手することが困難だったため、見ず知らずの新しい物をつくり上げるにあたっても自分たちだけで行うしかなかったという点が違っていた。また中国や朝鮮のような儒教文化圏の国々と異なり、ものづくりを軽視しない文化があったことも、日本が成功した要因のひとつである。

韮山反射炉（著者撮影）

なお、かつてヨーロッパには多くの反射炉が稼働していたが、効率的な転炉が発明されたことで、すべての反射炉がこの新しい炉に置き換わったため、稼働した反射炉で世界に現存するのは鹿児島（下部構造物のみ）とその後につくられた静岡県の韮山《にらやま》反射炉（写真のように完全な形で残存する）の二基だけとなっている。

薩摩切子と薩摩焼

集成館事業の特色は、造船や大砲に代表される軍需産業だけでなく、紡績やガラス・写真・出版・食品加工・農耕具といった民需から輸出用のガラス器や陶磁器まで、幅広い産業を起こそうとしたことである。そのひとつが薩摩切子《きりこ》で、これは色ガラスを透明ガラスの外側にかさねて、その上から精緻なカットを施した器で、薩摩オリジナルといえるみごとなガラス工芸品である。ガラスをかさねる技法は中国の乾隆《けんりゅう》ガラスから、カット文様はヨーロッパのデザインから、そしてカットの技法は日本の江戸切子からそれぞれ学び、それらを組み合わせることで世界に類のないガラス器をつくり出した。

薩摩切子（脚付蓋物）
（尚古集成館蔵）

薩摩切子のぼかし

透明ガラスに赤や藍の色ガラスを厚く被《き》せ、外側の色ガラスに斜めにカットを施すと色ガラスと透明ガラスの境界が曖昧《あいまい》になり、濃い色から薄い色そして透明へと次第にその色彩を変化させていく。「ぼかし」と呼ばれるこの美しい色調は独特の魅力があり、日本人の美意識を感じさせるが、ガラス工芸でこのような美をしめしたのは薩摩切子が初めてだろう。斉彬はこの薩摩切子を将来の輸出品に育てるべく、一〇〇名以上の職人を投入して、日本のガラス工芸の極致といえる品々を生みだした。しかし、当時つくられた品で現存する物はごくわずかである。

薩摩切子とともに斉彬が輸出品として考えたのが薩摩焼である。薩摩焼は一六世紀末に朝鮮半島から渡来した陶工たちによって誕生した。その二〇年後、藩の命令で白色陶磁器をつくりだすための土探しが行われ、南薩摩に良質の陶土が発見された。領内では磁器の原料となる陶石は産出されず、陶器用に限られたため、世界で広く見られる純白の磁器とは趣の異なる独自の白い陶器「白薩摩」が生まれた。この貴重な白い土は領内でもごく限られた地域でしか産出されないことから、庶民が白薩摩を所有することは許されず、藩の御用品とされた。その結果、白薩摩は上流階級にふさわしい洗練された陶器となった。斉彬はこの白薩摩を外国人が好むデザインや文様に変えて、ヨーロッパに輸出しようと考えた。そこで外部から絵師を招いて陶工たちを指導させるとともに、集成館の技術者には釉薬の研究を命じた。こう

島津家からニコライ２世に贈られた薩摩焼（レプリカ）（尚古集成館蔵）

して生まれたのが華麗な色彩と豪華な装飾の「近代薩摩焼」である。

この新しい薩摩焼は日本が初めて参加した慶応三年（一八六七）のパリ万国博覧会に出品され、ヨーロッパの人々を魅了した。それまでヨーロッパに渡来していた日本の陶磁器は長崎に近い伊万里焼の磁器が主流であったが、薩摩焼は伊万里焼をしのぐ装飾の美しさと陶器ならではの柔らかさで大人気を博し、薩摩焼の作品が含まれなければアメリカやヨーロッパの東洋美術コレクションは完結しないと思われるほど評判になった。

近代工業国家日本の母体となった集成館

このように人々の生活向上を視野に入れて事業を展開したことが集成館事業の大きな特徴である。当時、幕府や他藩は軍備強化にのみ力を注いでいたが、斉彬は「農業と工業と教育の三つは国家の基礎だ。ついては新たな物産をおこし、粗末な産品を精巧なものにしないと、豊かな国になれない。国庫に金銀がたくさんあっても富国とはいえない、国民の生活が豊かな国こそが富国なのだ」と言って、産業をさかんにし交易を活発に行うことで、藩内の士民の暮らしを裕福にしようとした。

そしてそれを実現するために、製油、製塩、米粉などさまざまな食品の生産、器械紡績による生産性向上、農機具や各種工作道具の改良から通信やガス灯のような社会インフラの整備、写真、出版、教育や医療体制の拡充など数多くの事業に着手し、領内全域で人々の生活水準を向上させようと懸命に努力した。

斉彬が安政五年（一八五八）に幕府に提出した建白書には、西欧列強の強大な軍事力で日本が危機的な状況にあると指摘した上で、国難を乗り切るために必要なことは第一に「人の和」だと述べている。すべての人々が豊かに暮らせるようになれば人の心はまとまり、それが日本の最大の防御力になるのだというのが斉彬の考えであり、そのための集成館事業だった。

写真撮影をする斉彬『照國公感旧録』（著者蔵）

斉彬によって薩摩では多くの優秀な人材が育ち、次の時代のリーダーとして日本を牽引した。さらに明治時代になってからは、集成館事業にかかわった薩摩の技術者たちが全国に散って各地の工業化を支援したことで、日本の近代化が急速に進んだ。斉彬が日本の片隅で始めたこの集成館事業こそが、近代工業国家日本を生みだす母体となったのだ。

第六章　国政への関与と突然の死

⊕日本を変える

斉彬の教育改革や集成館事業などによって薩摩は近代工業国家へと歩みはじめたが、日本を西欧列強の手から守るためには薩摩だけではなく日本全体が変わらねばならない。しかし当時の日本は徳川将軍家をリーダーとする幕府と二六〇ほどの藩の連邦国家のような状態だった。つまりそのころの日本人にとって国家とは自分の所属する藩や暮らす地域にほかならず、それを統合する日本国という存在など考えもつかなかった。

安政六年（一八五九）に来日して長崎で英語を教えたオランダ人のフルベッキは、明治になってから来日当時のことを振り返って、「その時代には、御国の人（明治の日本人）が厚く好む愛国心を知る者は一人もいませんでした。皆わが藩とわが主人に向かって忠義を尽すのみであって、大日本帝国のことを思う者はいたって稀でありました」と語っている。

斉彬が生きた時代においては、オールジャパンという概念はなかったと言ってよいだろう。そのような状況下であったが、斉彬は西欧列強の手から逃れるためには日本をひとつにまとめなければならないと考えていた。

しかし、国政をつかさどる幕府やほとんどの藩は斉彬のような国家観や危機意識をもっていなかった。先に述べたように徳川幕府の政権運営方針は徳川家が諸大名に君臨する状態を長く続かせることであり、そのためには諸大名の力を弱めて幕府に対抗できなくする必要があった。それで参勤交代や大名妻子の江戸居住を義務として多大な経費を使わせ、軍備を整える余裕がないようにしていた。また、戦争のない時代が二〇〇年以上続いたことで武器も更新されず、戦術も古い時代のままであった。これでは外国の武力に対抗することができない。

フルベッキ
（明治学院歴史資料館デジタルアーカイブス）

アヘン戦争でイギリスに敗れて香港割譲などを認めた南京条約を結ばされ、その後も西欧列強につぎつぎと不平等条約をのまされて半植民地化していく中国の姿に強い危機感をおぼえた斉彬は、「外国がつぎつぎにやってきて、とんでもない要求をしてくるので、政体を一変しなければついには中国と同じようになってしまう」と側近に語っている。

アヘン戦争が終わった天保一三年（一八四二）に、斉彬は「清国阿片戦争始末に関する聞き書」を写しとっている。これは幕府がオランダから聞き取った秘密報告書で、列強の侵略に強い危機感を抱いた斉彬が秘密裏に入手したものだった。

西欧列強に対する危機感について、中国より日本の方が大きかったことをしめすよい例がある。アヘン戦争でイギリスの力を知った中国の学者魏源《ぎげん》は、西洋諸国に関する資料を集めて五〇巻からなる解説書『海国図誌』を著した。この書物は中国では相手にされず、わずか一〇〇〇冊あまりを刊行しただけで姿を消したが、日本での扱いはまったく異なっていた。これが日本につたわるや否や大評判となって、日本の知識人はあらそってこれを求め、わずか三年の間に二一種類も出版された。斉彬も部下への指示の中で「海国図誌に記すところでは」と語っており、読んでいたことがわかる。中国の支配層は現実を見ようとしなかったが、日本はまったく違っていた。

⊕将軍継嗣問題

嘉永六年（一八五三）六月、アメリカ東インド艦隊司令長官マシュー・ペリーが江戸湾にあらわれ、大統領フィルモアの国書を幕府に押しつけて日本の開国を要求した。このかつてない事態に動揺した幕府は、従来のように幕府内だけで判断することができず、国書を諸大名に見せて意見を求めた。これがきっかけとなって、それまで国政から遠ざけられていた親藩や外様大名、さらには朝廷や下級武士までもが政治的な発言をするようになり、国内は混沌とした状況に変わっていった。

このような混乱をおさめるには、政治のトップである将軍が強いリーダーシップを発揮して、国内をまとめていくしかない。しかしペリー来航と同じ六月、病床にあった一二代将軍徳川家慶《いえよし》が亡くなってしまう。嗣子家定《いえさだ》が新しい将軍となるが、彼ははっきりとした意思表示もできない人物であり、非常時のリーダーがつとまる器ではなかった。さらに家定は病弱で跡継ぎも望めないことから、早く将軍の継嗣《けいし》（後継者）を決めて、頼りない家定将軍を補佐させようという声が次第に大きくなってきた。

将軍に子供がいない場合、後継者は将軍と血筋が近い御三家《ごさんけ》か御三卿《ごさんきょう》の中から選ぶこととなっているが、候補者とされたのは御三家の紀州藩主徳川慶福《よしとみ》と、御三卿である一橋《ひとつばし》家の当主一橋慶喜《よしのぶ》の二名であった。慣例に従って血縁の濃さから選べば家定の従兄弟にあたる慶福だが、彼はペリーが来航した嘉永六年（一八五三）にはまだ八歳で幼く、一方の慶喜は天保八年（一八三七）にこれも

マシュー・ペリー
『幕末・明治・大正回顧八十年史』（著者蔵）

御三家のひとつ水戸藩で生まれて一橋家を継いだ人物だが、このとき一七歳で早くから英明との評判が高く、将軍を補佐するには慶喜の方が適任だと思われた。

将軍の後継については、従来であれば将軍家の私事として外部から意見を言うことは許されなかったが、西欧諸国と外交上のさまざまな問題が発生して国難ともいえる状況にあっては、もはや将軍家だけの問題では済まされなくなっていた。その

一橋慶喜
（国立国会図書館デジタルコレクション）

ため、家定将軍の後継者問題は、幕府・朝廷・諸大名・諸士を巻き込んだ大問題となっていく。

慶喜を最初に推薦したのは徳川一族である親藩大名の筆頭に位置する越前藩主松平慶永《まつだいらよしなが》で、彼は斉彬と非常に親しく、斉彬同様に進歩的な考えの持ち主であった。慶永は国内の混乱を回避するために慶喜を将軍の継嗣とするべきだと考えて、斉彬に協力を呼びかけた。斉彬も同じ意見であり、二人は協力して老中の阿部正弘ほか進歩的な考えを持つ有力大名に慶喜擁立を働きかけた。

一方、譜代大名を代表する彦根藩主井伊《いい》直弼《なおすけ》や老中の松平忠固《ただかた》らは、江戸城大奥（将軍家定の実母・本寿院《ほんじゅいん》を中心とする後宮の女官たちで、慶喜の実父徳川斉昭《なりあき》が倹約を押しつけることに反発していた）と一緒になって、従来の考え方である血縁の近さに従い慶福を継嗣にすべきだと主張した。

斉彬や慶永のように一橋慶喜を推すグループは一橋派と呼ばれ、紀州藩主の慶福を推すグループは紀州の別名である南紀《なんき》派と呼ばれた。この両派の対立は次第に激しくなり、朝廷を巻き込んでの争いとなった。

㊉幕府と朝廷の関係が変化

朝廷とは天皇が政務を行う機構であり、三～四世紀頃に始まったといわれている。じっさいに天皇が国の統治者として権力を持っていたのは一二世紀までで、源頼朝が建久三年（一一九二）に武士の政権である鎌倉幕府をうちたてて以降、政治の実権は朝廷から離れた。しかし、天皇と朝廷はその後も名目上の最高権威として存続していた。

徳川幕府は元和元年（一六一五）に「禁中《きんちゅう》並《ならびに》公家《くげ》諸法度《しょはっと》」を制定することで天皇や公家の活動を強く制限して、朝廷を幕府のコントロール下に置いた。朝廷が当初から持っている権限である元号《げんごう》宣下《せんげ》[7]や官位叙任についても、幕府の指示通りに行うこととされ、朝廷は幕府を権威づけるだけの存在となっていた。

江戸時代という泰平の時代において、幕府は大名たちの関心を武力の強化ではなく大名間の序列争いに向けさせるようにした。つまり、ことあるごとに身分による序列をつけて差別意識をあおり、実質ではなく名分の上昇に力を注がせるようにした。たとえば儀式の際には官位によって部屋や座る場所が異なり、衣装の形や色・文様までもが定められていた。大名が外出するときに行列の先頭

7　元号とは天皇の在位期間など特定の年代につけられる称号で、古代中国に起源をもつ。日本では西暦六四五年（大化元年）から始まったが、現在この制度が残っているのは日本だけである。

を歩く槍持ちの数や、家来が持つ箱に描かれる家紋の色までもが身分によって定められた。各大名の身分は基本的にはその家の家格によって決まっているが、大名個人の業績で上下する部分もあることから、各大名は少しでも上の官位をもらおうとして幕府に働きかけた。官位をあたえるのは朝廷（天皇）だが、それを決めるのは幕府であり、名目上の上位者である朝廷は実質的に幕府の下部機関となっていた。

しかし幕府が西欧列強への対応に苦慮する姿が見えるようになると、このような関係も一変する。弱体化した幕府は、その地位を維持するために朝廷の権威を必要としたからである。幕府はもはや高圧的に朝廷に指示することができなくなってきた。たとえば外国の軍艦に備えるために沿岸防御を高めようとした幕府は、大名たちに大砲の鋳造を命じるが、先に述べたように当時の日本には鉄製砲を鋳造する技術がなかったため青銅砲しかつくれなかった。そこで造砲のために青銅でできた寺院の梵鐘《ぼんしょう》（釣り鐘）を供出させそれを改鋳しようとしたが、この供出の指示は幕府の通達ではなく朝廷より命令書を下す形となっている。というのも、寺院は幕府よりも朝廷の命令を重んじたからである。

江戸幕府開設以来、京都にある御所の中でひっそりと息をひそめていた朝廷は、西欧列強の圧力が高まるとともにみずからの発言力を拡大していった。朝廷の役人として天皇に仕える公家たちは世界情勢を知らず、見たこともない外国人を恐れて、ひたすら「攘夷《じょうい》だ（外国人を打ち払え）」「鎖国を続けよ」と叫び、孝明《こうめい》天皇もそれに賛同した。

列強との武力差を知っている幕府は攘夷など実行不可能で下手に動けば外国が日本に侵攻する口

実をあたえることになるとわかっていたが、それは自分たちに国内を統治する能力がないとしめすことになるため反論できなかった。そのような幕府に対し、朝廷は、長い間服従を強いられていた反動のように、幕府との対立をあらわにしていった。そしてこの朝廷と幕府の対立が、幕末の政治を混乱に導いていく。

⊕挙国一致体制をめざす

島津斉彬が恐れていたのは、国内が分裂することだった。国内の対立がやがて内戦となり、外国の介入を招いて、最後は植民地になるというプロセスを熟知していたからだ。そうさせないためには日本中が一致団結して外国に向かう「挙国一致体制」を構築する必要がある。そのためには、オールジャパンという意識を持たない幕府と諸大名を一体化することに加えて、幕府と朝廷の対立もなくさなければならない。しかし、そのリーダーとなるべき幕府は徳川家中心主義から抜け出すことができず、有力大名との連帯を拒んでいた。

斉彬は盟友の福井藩主松平慶永に「昔は内乱を起こして天下をあらそい、国土の奪い合いで終わった

松平慶永
(国立国会図書館デジタルコレクション)

が、今は外国人が日本を狙って来るようになったので、昔のような考えではいけない。お互いに大局的な考えを持って外国の対応を心掛けて、大切な天子様にご心配をかけないようにし、将軍家を補佐申し上げるようにしたい」と語っている。天皇を頂点とし、将軍を中心にして国内を一致団結させることで植民地化をふせごうという斉彬の思い、しかしそれを実現するのはたやすいことではなかった。

当時、国政に参加できるのは幕府の役人、すなわち徳川家直属の家臣である譜代大名や旗本に限られていたが、彼らは長年地位に安住してきたために向上心をうしない、無能な人間の集団と化していた。もはや幕府に外国との対応を任せておけない。斉彬は国内の優秀な人材を幕府に結集させて難局を乗り切ろうと考え、腹心の西郷隆盛《さいごうたかもり》や薩摩藩外にいる留学生らに命じて他藩の優秀な人材を調査させた。しかし、上がってきた名簿に書かれていたのはわずか数十人だった。

斉彬は西郷に「外国がつぎつぎとやってきて法外な要求をしてくるので、政体を一変しなければついには中国の二の舞いになってしまう。政治をになう幕府の役人にこれと思うような人物がいないのは幕府衰運の兆しで、まことに嘆かわしいことだ。政体を改革して国内を整えないと、外国との交際はできない。幕府に人材がいないので日本中の藩から人材を集めて物事に当たらせねばならないが、各藩にもそのような人材は乏しく、これまで調査したところでも数十人に過ぎない。公家にも二、三人しか人物はいない。引き続き人材を探すのが当今の急務だ」と語って人材調査を続けるように命じた。

外国に対抗するため、幕府は従来の枠にとらわれずに広く人材を登用すべきと考える斉彬たち一橋派に対して、これまで通り譜代大名と旗本だけで幕府を運営していこうというのが南紀派の主張であった。いわば革新勢力と保守勢力の対立である。

⊕対立の激化

一橋・南紀両派の争いは安政三年（一八五六）になっていっそう激しいものとなった。その原因はこの年の七月にアメリカの初代駐日領事としてタウンゼント・ハリスが赴任し、日米修好通商条約の締結を迫ったことによる。

ハリスは当時中国で発生したアロー戦争を引き合いにだして、この戦争が終わればイギリスは次に日本を侵略しようとするはずだから、イギリスの圧力で不利な条約をのまされる前に日米の間で条約を結んでおき、それをイギリスにも適用すればいいと持ちかけた。じっさいにはこの時点でイギリスが日本を侵略しようとした形跡はないのだが、国際情勢に疎い幕府はハリスのおどしに震えあがった。

タウンゼント・ハリス
『幕末・明治・大正回顧八十年史』
（著者蔵）

同年一二月、斉彬の娘（じつは姪）の篤姫《あつひめ》が将軍家定の御台所《みだいどころ》（正妻）となる。これは六年前から進められていた話だったが、前将軍家慶の死や前年の江戸大地震（安政の大地震）などで延びに延びていた。斉彬は篤姫をつうじて家定に一橋慶喜を後継者と決めてもらうよう働きかけたが、この作戦は成功しなかった。

安政四年（一八五七）四月三日、斉彬は参勤交代で江戸を離れ、五月二四日鹿児島に到着する。斉彬が江戸を離れた後の六月、斉彬のよき相談相手で一橋派の中心人物の一人でもあった老中阿部正弘が病で急死した。阿部の死で一橋派と南紀派のバランスが崩れ、事態は南紀派に有利な状況に傾いていく。

一一月、老中首座の堀田正睦《ほったまさよし》は諸大名にハリスの要望を提示して意見を求めたところ開国から攘夷までさまざまな意見が出たが、幕府は通商条約締結の方向で交渉に入ることを決めた。このように国内の意見が分裂している状況であったことから、幕府は権威付けのために勅許（天皇の承認）をもらおうと考え、翌年一月に堀田がみずから京都へ向かった。

安政五年（一八五八）三月二〇日、これまで朝廷は幕府の重要な決定に反対したことはなかったので今回の条約勅許も大丈夫だろう、そのように楽観的に考えていた堀田は思わぬ事態に遭遇する。極端な外国人嫌いの孝明天皇が勅許を拒絶したのである。朝廷が幕府の要請を明確に拒絶するという、今まで経験したことがない事態に幕府の役人たちは驚愕した。四月二三

孝明天皇
『幕末・明治・大正回顧八十年史』（著者蔵）

日、幕府内部を固めるため、将軍家定は譜代大名の筆頭である彦根藩主井伊直弼を老中より上席にあたる大老[8]に任命した。彼は南紀派の中心人物であるが、同時に開国論者でもあった。

このころアメリカ駐日総領事ハリスは、アロー戦争[9]に勝利したイギリスが日本に迫る前に日米修好通商条約を結ぶべきだと強く迫り、不安に駆られた幕府は、六月一九日に井伊大老の判断で天皇の勅許を得ることなく条約に調印した。しかしこの条約は日本が輸入品に対する自由関税の権利を持たない関税自主権の喪失や、国内での外国人の犯罪における裁判は領事が本国の法律で行うという領事裁判権の承認など、不平等なものであった。条約調印の報告は六月二七日に京都に届き、調印に不満の孝明天皇は一時譲位の意思を表明するなど、朝廷と幕府の対立が一層鮮明になってきた。一橋派の有力大名たちも井伊大老の独断を非難し、締結の撤回を求めて事前承認なく江戸城に乗り込んだが効果はなかった。その事件の翌日、幕府は家定将軍の継嗣を紀州藩主の徳川慶福にすると発表、幕府の政治を変えようとした一橋派は完全に敗北した。

いきおいにのる井伊大老は七月五日に、許可なく登城した大名たちに隠居（現役引退）や謹慎の処分を下した。これによって一橋慶喜や松平慶永は政治の表舞台から姿を消すこととなる。さらに激動は続き、翌七月六日には病弱だった将軍家定が亡くなった（発表は八月八日）。

8　必要に応じて臨時に設けられる幕府の最高執行責任者。常設の老中は四～五名いるが、大老は一名のみで強い権限を持つ。

9　一八五六年から一八六〇年に起きた英仏連合軍と清との戦争で、第二次アヘン戦争とも呼ばれる。敗北した清は多くの港を開港させられ、半植民地化した。

⊕突然の死とその後の混乱

このころ、薩摩にいた斉彬は事態の急激な変化を心配して、天皇を安心させるためにみずから三〇〇〇名の軍勢をひきいて上京し御所を守ろうと決意、そのために兵士たちの訓練を行っていた。

安政五年（一八五八）七月八日、斉彬は午前一〇時から鹿児島城下の天保山にある調練場で城下士たちの訓練を検閲、続いて砲台での大砲試射を視察し、午後五時頃終わって乗船、途中で釣りを楽しんで城に帰った。このときに釣った魚を酒寿司にして食べている。そして翌九日から激しい腹痛に襲われた。その夜から悪寒と下痢が始まり、翌一〇日からは高熱が出て一日に三、四〇回の下痢が続き、食事も喉を通らない状態となって急速に衰弱し、一六日未明に息を引き取った。

一五日の夜、死期が近いことを覚った斉彬は、弟久光を枕元に呼び遺言をつたえた。それは自分の息子哲丸《てつまる》がまだ幼い（二歳）ため、跡継ぎは久光か久光の長男忠義《ただよし》のいずれかを父斉興にうかがって決め、哲丸をその順養子にすること、忠義を娘暐姫《てるひめ》の婿養子とすること、日本の政治が大変な時期に来ているので朝廷尊崇を心掛け、わが意を体しわが志を継いで国家のために尽くしてくれとの内容だった。家督は久光が辞退したため忠義が継ぎ、薩摩藩主となった。

斉彬の死が突然であったことから毒殺説も流れたが、治療に当たった藩医坪井芳洲《つぼいほうしゅう》はコレラと診断した。なお後に診断書を見た旧薩摩藩出身で海軍軍医総監の高木兼寛《たかぎかねひろ》は、症状から赤痢と判断している。

斉彬没後、藩内のようすは一変する。隠居していた斉興が新藩主忠義の幕府公認の後見人として国元に戻り、斉彬が手がけていた事業をつぎつぎと廃止していったのだ。斉興は先々代の重豪のときにふくれあがった五〇〇万両という巨額の負債への対応で苦労をかさねた思いがあり、その負債も返済条件を緩和してもらっただけで、いまだ完済にはほど遠い状況のため、創業赤字の状態にある諸事業を放置しておけなかったのだろう。

斉彬は藩主になったのちも斉興時代の家老たちを罷免せず使い続けたが、彼らは保守的で斉彬の考えを理解できなかったため名目だけの存在で、実質的には各事業に関与させていなかった。そのため斉彬が急死しても指示を出すことができず、逆に斉興にとりいって財政難を理由に斉彬の起こした事業を廃止し、斉彬が使っていた人材を追放した。そのようにして斉彬の没後わずか半年で藩内はすっかり昔の状態に戻り、かつては一二〇〇名が働いていた集成館の工場群もたった二〇名しかいないというありさまになった。

勢いづいた家老たちは同様の理由で斉彬が創設した海軍を廃止、秘密裏にフランスから購入しようとしていた軍艦の契約も廃棄、人材育成のための留学制度も取りやめてしまった。

斉彬から後を託された弟の久光は斉彬の意図をよく理解していたが、父斉興にさからうことはできず、家老たちの所業を黙って見ているしかなかった。

島津斉興肖像（尚古集成館蔵）

第七章　国政の混乱と久光の登場

安政の大獄

六月に天皇の勅許なく日米修好通商条約を結び、翌七月に将軍家定と改革派大名のリーダー島津斉彬が相次いで亡くなった安政五年（一八五八）は、日本の国内政治が大きくゆれ動いた年となった。西欧列強は相次いで条約締結を要求してきたため、幕府はアメリカと同様の条約をイギリス・フランス・オランダ・ロシアの各国と締結する。これは安政の五カ国条約と呼ばれるが、日本に関税自主権がなく、外国に領事裁判権と片務的最恵国待遇をあたえるという、不平等条約であった。[10]

幕府はその後ポルトガル・プロイセン・スイス・ベルギー・イタリアなどヨーロッパ諸国とつぎつぎに同様の条約を締結した。このような不平等条約となったのは、各国が日本を対等の国として

10　ロシアとの条約のみ双務的最恵国待遇。

ではなく、植民地のように見なしていたことをしめしていると言ってよかろう。しかし、外国との交渉経験が乏しい幕府にはそれを見抜くことができなかった。余談であるが、のちに明治政府はこれらの条約改正交渉に苦労することとなる。領事裁判権の撤廃と双務的最恵国待遇の獲得は明治二七年（一八九四）、関税自主権の回復にいたっては明治四四年（一九一一）と五〇年以上の交渉を必要とした。

孝明天皇の反対を無視して条約締結を進める幕府に、朝廷は強く反発した。そこで出されたのが「戊午《ぼご》[11]の密勅」と呼ばれる朝廷から水戸藩への勅書（天皇からの指示書）で、内容は条約調印の説明と攘夷実行を求めるものであった。その二日後に幕府に対しても同様の勅書が出されたが、幕府を飛ばして藩に勅書が出された前例はなく、これは水戸藩の策謀で自分たちをないがしろにする行為だと幕府はいきどおった。

この密勅降下事件を発端として、幕府は尊攘派（尊皇攘夷派：天皇を最優先し、天皇の意思である外国人排斥を進めようとする武士たち）の大弾圧を開始した。これが「安政の大獄（安政年間に起きて多くの人が逮捕された重大な犯罪事件）」である。これによって改革運動の中心であった水戸藩主徳川斉昭や越前藩主松平慶永、御三卿の一橋慶喜ら改革派の大名や公家の多くが隠居や落飾《らくしょく》（どちらも現役引退）、謹慎などの処分を受け、越前藩の橋本左内や長州藩の吉田松陰ら多数の藩士や志士（藩に所属しないで活動する武士）が切腹を命ぜられた。

11　戊午は安政五年の干支《えと》で、干支は年号代わりに使われることが多かった。

橋本左内肖像
（国立国会図書館デジタルコレクション）

その影響は薩摩藩にも及んだ。斉彬の腹心で橋本左内とともに朝廷工作に動いていた西郷隆盛は、幕府から追われている勤王僧月照の保護を近衛家に頼まれ、ひそかに薩摩に連れ帰った。しかし斉彬の死後、幕府を恐れる家老たちによって月照の保護は却下され、前途を悲観した西郷は月照とともに鹿児島湾に身投げした。月照は水死したが、西郷は奇跡的に助けられた。薩摩藩は今後の追及をのがれるために、幕府には西郷は月照とともに死んだと届け出た。そうして幕府に見つからないように、西郷は菊池源吾と名前を変えて鹿児島から三〇〇キロ以上離れた南方海上にある奄美大島に移された。

このような大弾圧を主導したのは大老井伊直弼だった。そこで朝廷を支持する勤王派の志士たちは井伊大老に激しくいきどおり、幕府の強権政治への反発がますます強くなっていった。

久光登場

薩摩では、斉彬が急逝した一年後の安政六年（一八五九）九月、新藩主忠義の後見となって藩政を動かし、斉彬が進めていた事業や制度をつぎつぎと廃止していった斉興が死去した。かわって藩の実権をにぎったのが、忠義の実父で斉彬の弟久光である。

斉彬は臨終の間際に久光にこう語った、「帝室を補佐して、国内の人心をひとつにし、朝廷と幕府の関係を円満にして、国防のための軍備を充実し、国威を海外に輝かせたかったが、それもかなわなくなった。ついてはそなたがわが志を継いで、国家のために尽くしてくれ」。そして久光はその言葉をしっかりと受けとめていた。

久光は斉彬が藩主だったときには目立った存在ではなかったが、じつは斉彬の鹿児島における唯一のブレーンだった。斉彬の大叔父（歳は二歳下）で少年時代から親しい福岡藩主黒田長溥《ながひろ》は次のように語っている。「斉彬公は、『家老という重要な役職につけるほど身分の高い者の中に、使える者が一人もいない。ちょっと複雑な説明をしなければならない用件があっても、私に代わって説明に行ける者がほとんどいない。これには困っている』とたびたびこぼされていた。『弟周防《すおう》（久光の当時の名）は学識もあり、（鹿児島で）私の話し相手になれるのは彼だけだ』と言われたこともあった」。

斉彬が久光を深く信頼していたことをしめす話はたくさんある。たとえば長崎海軍伝習所の咸臨丸《かんりんまる》（幕府がオランダに建造を依頼した日本初の洋式軍艦）がオランダ人教官を乗せて練習航海で鹿児島に寄港したとき、斉彬は一族や高位の者二十名あまりを連

島津久光肖像（尚古集成館蔵）

咸臨丸『幕末・明治・大正回顧八十年史』(著者蔵)

れて艦内を見学した。その際、艦長の勝海舟に、「これは島津周防という者だ。じつは自分の弟である。彼は若いころから学問を好み、その見聞の広さと記憶力の強さには、私もまったく及ばない。また、その志操方正厳格な(正しくきびしい考えを守っている)ことも、私に勝っている」と言って久光を激賞している。久光の方も斉彬を心から尊敬していて、斉彬がどんな人であったかと側近からたずねられたとき、「あまりにも偉大すぎて、言葉で言いあらわすことなどとうていできない」と語っている。

斉彬は江戸にいれば多くの相談相手がいたが、鹿児島では久光だけだった。安政五年(一八五八)に幕府が日米修好通商条約締結に関して各大名に意見を求めたとき、斉彬は幕府に提出する上申書の下書きを久光に見せて意見を求めている。ちなみにこのときの上申書の概要は次のようなものである。

① 外国から軽蔑されるようなことがあれば、これを撃つことは当然である。

② しかし外国の武器は大砲や堅牢な軍艦で、戦闘に慣れており、航海にも熟練している。さらに数カ国が一体となって日本各地を攻撃されたならわが国は疲弊し、内乱の危険さえある。

③ いま条約を結ぶことは外圧に屈したように思われるが、天下の形勢を考えると、小を忍んで大を成すとの思いで、いったんは条約を結ぶべきであろう。

④ 条約を結んだ上はこれまでのように安逸なことをせず、富国強兵のために諸藩の窮乏を救い、風俗を一変して武備を充分に整える。その上でもし外圧があったならば、それを非難して征伐すれば必勝間違いあるまい。

斉彬は国を守るために必要なことはまず「人の和」で、その次は「諸御手当（さまざまな準備）」だと述べている。この考えは久光にも大きな影響をあたえた。それは以後の久光の行動において、薩摩藩内や日本国内の対立回避を最優先していることからもわかる。対立が内乱となり、外国の介入をまねいて、ついには植民地となってしまった他国の例をよく理解していたからだろう。

久光は鹿児島から出たことがなかったので、斉彬は彼を江戸に四、五年も行かせて一流の人々と交流させ、さらに鍛えたいと思っていた。しかし斉彬と斉興の死によってそれはかなわず、久光はただちに政治の第一線に立たされることとなった。

⊕ 久光、斉彬の事業を再開

久光は全国的には無名で兄のような人脈もなかったが、斉彬の果たせなかった志を継ぐのが自分の使命だと心に定めていたらしい。斉興の死によって制約する者がいなくなった久光は、いよいよ兄の遺志実現に向けて動き出した。

実権をにぎった久光が最初に行ったのは人事異動である。久光は斉彬の考えを理解している元家老を復職させる一方で、兄がはじめた集成館事業や人材育成にストップをかけた家老たちを追放した。

また、集成館事業も安政六年（一八五九）七月に再開させている。七月は久光が実権をにぎる前であるが、斉興が止めさせた事業であることから、この再開も久光の指示によるものだろう。翌万延元年（一八六〇）には小銃の製造部門を城下の築地海岸から集成館に移し、銃砲製造部門を一元化した。続いて文久元年（一八六一）には竹下清右衛門、八木称平、宇宿《うすき》彦右衛門らの蘭学者や技術者、および現場で作業にあたる職人たちを幕府の長崎製鉄所に派遣した。彼らの目的は集成館に必要な機械を調べることと、オランダ人技師から金属加工や蒸気機関に関する技術指導を受けることだった。一行のうち竹下清右衛門は、久光が抜擢した家老の小松帯刀《こまつたてわき》に、「おっしゃっていた通りの便利な機械がたくさんあり、大変感心しました。集成館にも同様の機械がないとよい道具はつくれません。日数ばかりかかってむだな手間がふえるだけで、不経済です。ストームハーマル（スチームハンマー）はじめ集成館に必要な機械だけはぜひ注文してください。それぞれの値段は近藤氏に調べてもらっています」などと書き送っている。

中断させられてしまった集成館事業を早く軌道に戻し、さらに増強させようという久光の思いが、ここからもうかがえる。

そして斉彬が望んでいた蒸気船の購入も実現させた。まずは万延元年（一八六〇）に英汽船「イングランド」(七四六トン、一〇〇馬力)を一二万八〇〇〇ドルで購入し、[12]「天佑丸」と命名した。その後も文久二年(一八六二)に英汽船「フェリークロス」(四四七トン、三〇〇馬力、一三万ドル、「永平丸」)、文久三年(一八六三)に米汽船「コンテスト」(五三二トン、一二〇馬力、九万五〇〇〇ドル、「白鳳丸」)、英汽船「サー・ジョージ・グレイ」(四九二トン、九〇馬力、八万五〇〇〇ドル、「青鷹《せいよう》丸」)とつぎつぎに購入していった。すでに述べたように慶応三年(一八六七)までの八年間に買い入れた船は計一七隻(うち一五隻が蒸気船)で、幕末における蒸気船所有数は諸藩中第一位である。

薩摩藩は京都や江戸から離れているという地理的なハンデを負っていたが、これら蒸気船の機動力を活かすことでそれを克服した。幕末に政治の中心となった京都へは、鹿児島から陸路で一カ月かかる。しかし蒸気船を使えば一週間でつく。薩摩では、久光だけでなく家臣たちも蒸気船で鹿児島と京都・大阪を行き来して、政局への対応にあたった。斉彬の構想を受け継いだ久光の指示により他藩にさきがけて蒸気船を確保したことが、幕末期における薩摩藩の活躍につながっている。

⊕誠忠組の突出を抑える

久光が藩政に乗り出した安政六年(一八五九)九月から一〇月にかけては、大老井伊直弼による安

12　同年に来日したプロイセンの地質学者リヒトホーフェンは「法外な値段」と書いている。

島津忠義（尚古集成館蔵）

政の大獄がピークに達し、旧態依然とした幕府を変えようと動いた一橋派がつぎつぎと処断されていた。このような幕府の強権政治に対して勤王派の志士たちは猛反発し、大獄の主導者である井伊大老を倒し、朝廷の権威をとりもどすための義兵になろうという動きが活発化した。薩摩においても、天下の人心を覚醒させるために水戸藩の過激派とはかって、江戸では井伊大老を襲い、京都では公家の最高位にありながら幕府支持の動きをする関白の九条《くじょう》尚忠《ひさただ》と、京都の行政・警察の責任者である京都所司代《しょしだい》の酒井忠義《ただあき》を血祭りにあげようとする一団があった。西郷の意を継いだ大久保利通たちで、彼らは脱藩して目的をとげようと準備していた。

このような藩士の動きを知った藩主忠義は、久光と相談して、「誠忠士之面々へ」あてた自筆の諭書を彼らにあたえた。そこには「万一事変到来の節は、第一に順聖院《じゅんしょういん》様御深志を貫き、国家（藩）を以て天朝を護り奉り、忠勤を抽《ぬき》んずべき心得に候」と書かれていて、斉彬の遺志を果たすため、いざというときには藩をあげて動くという決意がしめされていた。藩主じきじきの手紙に感動した藩士たちは突出をやめて、以後は藩全体を動かすことに力を注いでいく。彼らは誠忠組と呼ばれ、そのメンバーはこれ以後薩摩における維新の中心部隊になっていった。

また、この諭書の中で書かれた「国家を以て」つまり挙藩一致しての行動は、斉彬の考え方である「第一人の和」にしたがったもので、他藩が勤王対佐幕や上士対下士などの対立構造に苦しんだのに対し薩摩だけは一致団結して動いたことが、後の大きな成果につながった。

⊕桜田門外の変で幕府権威は失墜

藩主忠義と久光の説得で突出行動を控えた誠忠組だったが、江戸の同志たちは活動を続けていた。万延元年（一八六〇）一月、数名の水戸藩士が江戸薩摩藩邸を訪れ、薩摩藩の有村雄助やその弟の有村次左衛門らと密談した。内容は井伊大老の暗殺計画である、水戸藩士が井伊大老を襲撃すると同時に横浜の商館に放火して外国に加担する勢力を征伐する、そうなると国内が混乱するのでその影響が京都にも及ぶだろうから、薩摩藩から京都守護の人数を出してほしいとの相談であった。有村らはこれに同意して京都守護の手配をすることとし、連絡のため同志の山口三斎を鹿児島に派遣した。

この連絡を受けた大久保は、忠義の諭書にあった「事変到来」だとして、久光に出兵をうながした。しかし久光は、水戸藩の一部の藩士の意見にすぎず、争乱が起きてもいないのに兵を出すことはできないとしてこれを却下した。久光は、井伊が討たれたとしてもすぐに天皇に影響を及ぼす事態にはならないだろうから変事の一報があってから駆けつけても間に合う、起きてもいない事変を理由に出兵することはあらぬ疑いを招くだけだと冷静に判断している。

三月三日、誠忠組の一員だった有村次左衛門が脱藩して、水戸藩有志らと桜田門外で井伊大老を

桜田門外の変（松村春輔『復古夢物語』挿絵）（国立国会図書館蔵）

襲い、井伊の首級をあげた。『桜田門外の変』である。

強権政治で非難を浴びていたとはいえ、大老が登城中に暗殺されたこの事件により、幕府の弱体化が誰の目にも明らかになった。あせった幕府は老中安藤信正が中心となり、孝明天皇の妹和宮を家茂将軍の御台所に迎えることで朝廷との一体化（公武合体）をしめして、権威を回復しようとした。幕府は孝明天皇の要求する攘夷を実行することを天皇に約束して、この婚姻は実現した。しかし急進的な尊皇攘夷論者は「和宮を幕府の手駒にした」と言って、いっそう反発を強めた。

そうして文久二年（一八六二）一月、今度は登城中の安藤老中が水戸浪士に襲われて負傷し、辞職に追い込まれるという事件『坂下門外の変』が起きた。これによって幕府の権威はますます失墜した。切羽詰まった幕府は、老中を入れ替えたり安政の大獄で処分されていた大名たちを復職させたりするなどの対応をはかったが、いずれもその場しのぎの対策に過ぎなかった。

西欧列強の植民地にならないためには国内の分裂を回避して近代化を進めなければならないが、肝心の幕府はただ右往左往するばかりだった。

第八章　ハプニングから起きた薩英戦争

幕府立て直しのため、人事介入を決意

すでに述べたように江戸時代の日本は世界でもトップレベルの識字率で、さらに飛脚という郵便システムも出来上がっていたので、全国どこでも文字による情報伝達が可能であった。人の移動を制限していた時代ではあったが、旅行や留学など許可さえ取れば移動は認められていた。また幕末には学問や武芸の塾などさまざまなサークルが存在しており、そこに集う人たちは身分や地域を超える交際を行っていた。そうしてある塾で結ばれた交友関係は、参加者が重なる他の塾と結びつき、国境と身分の壁を越えた水平的で知的なネットワークをつくり出していた。当時の話し言葉（方言）は地域ごとに少しずつ異なっていたが、彼らは書き言葉という共通言語で情報を交換しており、それを証明する膨大な量の文書が現在も各地に残っている。

そのような時代であったから、江戸で相次いだ事変はただちに全国につたわり、浪士の跋扈《ばっこ》と幕

府の狼狽は広く知られるところとなった。集成館事業の再興を進めていた久光であったが、兄の目的だった、「帝室を補佐して、国内の人心をひとつにし、朝廷と幕府の関係を円満にして、国防のための軍備を充実し、国威を海外に輝かせる」ことが危うい状況にあることに心を悩ませていた。国政を担う幕府がこのような状態を続ければ国内の対立が激しくなってついには外国の介入を招く、兄斉彬がもっとも恐れていた植民地化につながりかねない事態が迫っている、もはやこれを放置することはできない、久光はそう判断した。

まず行うべきことは幕府の立て直しである。そのためには幕府の中枢にしっかりした人物を据えて、これまでのようなその場しのぎの政治をやめさせねばならない。そこで白羽の矢を立てたのが、斉彬が高く評価していた一橋慶喜と、松平春嶽《しゅんがく》（隠居して慶永から改名）だ。薩摩から出たことのない久光はどちらにも面識がなかったが、両名の話は兄からよく聞かされていた。二人に政治を委ねることができれば幕府を立て直し、朝廷との関係を改善して国論をひとつにまとめ、諸大名の財政負担を軽くして国防軍備増強の余力をつくってくれるはず、彼はそう考えた。だが島津家は幕政に関与できない外様大名で、しかも久光は藩主ですらない。そのような人物が幕府の重要人事を動かす、それは江戸幕府が始まって以来だれも試みたことすらない、前代未聞の暴挙だった。

⊕西郷呼び戻し

外様大名の藩主の父、つまり家来にすぎない久光の意見など幕府が受けつけるはずはない。ましてやその内容はこれまでのルールに反し、譜代大名以外を幕府中枢に置こうとするものだ。幕府に提案することすら認めてもらえない案件である。

しかし、たったひとつの可能性があった。それは勅命（天皇の命令）という形だ。そのためには、京都に行って勅命をもらい、それを持って江戸に乗り込まねばならない。まずはその許可をとりつける必要があった。江戸に行くには幕府の許可が、京都に入るには幕府に加えて朝廷からも許可を得なければならない。

話はすこしさかのぼるが、万延元年（一八六〇）三月に桜田門外の変が起きたとき、薩摩の新藩主忠義は参勤交代で江戸に向かっていた。その途中で薩摩藩士が井伊大老を討ったとの知らせがはいった。このまま進めば井伊の領地である彦根藩を通過することになり、藩主の仇討ちとして忠義が彦根藩士に襲われることも予想されたため、急病になったという理由で忠義の行列は薩摩に引き返した。忠義はその後も薩摩に留まっていたことから、幕府は久光ではなく忠義の江戸参府を求めていた。そこで、江戸の藩邸に放火して「藩主が滞在する建物がなくなったから江戸参府できない」と弁明し、藩邸再建監督のために久光が江戸に行くことを申請するという奇策を行って、なんとか江戸行きの許可を取りつけた。

難しいのは京都だった。そもそも幕府は大名が朝廷と接触することを禁じていたので、つながりのある近衛家から招かれるように働きかけたが、斉彬と異なり久光はまったく面識がなかったため、近衛家の態度も冷たかった。

このころ薩摩藩の官僚は斉興が存命だった時代とは打って変わり、大久保利通や中山中左衛門ら

西郷隆盛肖像
（国立国会図書館デジタルコレクション）

誠忠組の若者が中核になっていたが、彼らは経験に乏しく公家との交渉に苦戦していた。困った誠忠組は、事態を解決するため、かつて斉彬の命を受けて朝廷工作を行っていた西郷隆盛の呼び戻しを久光に進言する。西郷は以前誠忠組のリーダーだったこともあり、彼らは信頼する西郷に頼ろうとしたのである。久光はこの時までは西郷との接点がなかったが、大久保らの意見をききいれて西郷呼び戻しを承認した。

しかし、奄美大島から戻った西郷は今回の計画は無謀であると非難し、説得に乗り出した久光にも「あなたは斉彬公とちがって地五郎《じごろ》（田舎者）だから、天下の大名たちを動かすことなどできない」と暴言を吐いてしまった。じっさい久光が行おうとしていたのは、徳川幕府創設以来だれも試みたことがない、まさに破天荒な行為だったから、西郷が「できない」と決めつけたのも無理はない。だが久光にしてみれば、斉彬の思いを引き継ぎ、藩ではなく日本全体のために考え抜いた結果、幕府と一戦交えることになって薩摩を焦土にするかもしれないがそれでもやるしかないという、ギリギリの判断だった。久光は西郷に「ここまで準備して、幕府に届け出も済ませたので、もはや変更はできない」と言い切った。そこで西郷が、「そうであれば、道中に不穏な動きがないか探るために、自分を先発させてほしい」ともうしでたことから、それを認めて、京都までの中間にある下関で落ち合って状況報告させることとした。

このころ、久光が上京しようとしていることを知った各地の志士たちが、薩摩が討幕に立ち上がると誤解して、自分たちもそれに加わろうと動き出していた。久光の目的は幕府を改革することだったが、彼らはそう受けとらなかった。そうした志士たちの動きで京都が不穏な状況になってきたことから、不安を覚えた近衛家の当主忠房《ただふさ》はそれまでの態度を一変し、久光に上京を求める手紙を送った。これで動き出すための条件は整ったのである。

⊕率兵上京

三月一六日、久光は藩兵一〇〇〇名あまりをひきいて鹿児島を出発した。久光は藩主ではないが藩主同様の堂々たる行列で、人数は藩主の参勤交代を上回っていた。注目すべきは大砲四門・小銃百挺を隠し持っていたことで、これも幕府の禁制を無視したふるまいであった。

くり返すが久光の目的は討幕ではない。それで、同行の藩士には道中で志士たちと私的に接触することを禁じた。志士の意見に動かされて藩内が分裂することを回避するためである。

三月二八日に久光は下関に到着する。しかし待っているはずの西郷の姿はなかった。西郷は下関で、久光を待望する志士たちが京・大坂に集まって不穏な動きを見せているとの情報に接し、独断で大坂に向かったからだ。西郷は幕府から手配されていたが、鹿児島湾で死んだことになっている。生きているとわかれば、藩は苦しい立場に追い込まれる。勝手な行動に怒る久光は、さらに西郷が志士たちを煽《あお》っているとの報告を受けて、ただちに西郷を逮捕して島送りにするよう命令した。のちにゆるされて明治維新の立役者となる西郷だが、このころは自分の置かれている立場がわかっていなかったようだ。

四月一六日、久光一行は京都に到着し、藩邸に立ち寄ったのち、近衛家に参殿して上京の趣旨を書いた書面をさしだした。その席には議奏（天皇への取り次ぎをする公家）の中山忠能《ただよし》と正親町《おおぎまち》三条実愛《さんじょうさねなる》が来ており、久光は彼らから京都に滞在して治安維持に務めよとの勅旨を受けとった。京都の治安を守るのは幕府の朝廷担当部署である京都所司代の役割だが、ふえ続ける浪士を京都所司代だけで抑えるのは無理だと考えた朝廷が前例を破って、幕府に相談することなく、直接久光に警備を依頼したのである。これによって久光の京都滞在が合法化した。

先に述べたように、今回の久光の上京は異例ずくめであった。大小砲という軍備を有する一〇〇〇名の大軍が東海道を進むこと、近衛家の依頼だけで入京し幕府には届け捨て（通告）のみであったこと、大名が入京して直接議奏に面談したこと、などすべて前例にないことばかりであるし、さらにいえば久光は大名ですらなかった。この久光の破天荒な行動によって、幕府と京都所司代の権威はいちじるしく失墜することになった。

⊕寺田屋事件

同じころ、久光の従士で大坂の藩邸に残っていた有馬新七たち誠忠組過激派は、幕政改革という久光の動きに満足せず、政治の実権を幕府から天皇に移すために、朝廷内で幕府を支持する関白九条尚忠《くじょうひさただ》と京都所司代酒井忠義《ただあき》を襲撃しようと計画していた。

この有馬たちの動きを知った久光は、同じ誠忠組の大久保利通らを大坂に送って説得に努めたが、

寺田屋『京都維新史跡写真帖』(京都大学付属図書館蔵)

有馬らは応じようとせず、四月二三日の夕方に武器をたずさえて、京都の入り口にあたる伏見の船宿寺田屋に集結した。久光は有馬と親交のある誠忠組の奈良原幸五郎ら八名を鎮撫使に命じ、自分が有馬を説得するから藩邸に連れてくること、もし拒んだ場合は臨機に対応すべしとの指示をあたえた。

有馬は鎮撫使の説得に応じず、誠忠組同士の斬り合いとなって、過激派のうち六名が死亡、抵抗して負傷した二名が翌日切腹、鎮撫使側も一名が死亡した。

勅命で京都の治安維持を命じられた久光としては、関白と所司代の暗殺などとうてい見過ごせるものではない。勅命であれば自分の部下でも斬り捨てるという久光のきびしい姿勢は、天皇や公家たちに安心感をあたえ、強い信頼を得た。

⊕勅命を得て江戸へ

五月九日、久光らの働きかけにより、幕政改革を求める勅使の派遣と、久光に勅使の随行を命じる勅命が出された。そして勅使には公家の中でも「有名なる頑固の攘夷家」として知られている大原重徳《しげとみ》が選ばれ、勅命が下された。内容は幕府に次の三つの政策（三事策）のうちひとつを実行せよと命じるものだった。

① 将軍が諸大名をひきいて上京し、朝廷で朝政を討議する。
② 沿海五大藩主（島津・毛利・山内・仙台伊達・前田）を五大老として国政に参加させる。
③ 一橋慶喜を将軍後見とし、松平春嶽を大老とする。

このうち久光の狙いは③で、①は早くから尊皇運動を展開している長州藩の主張、②は孝明天皇の信頼が厚い公家岩倉具視《ともみ》の主張をふまえたものだった。朝廷は久光の功績を認めつつも、他の意見も取り入れてバランスを保とうとしたようだ。しかし、日本を守るためには幕府人事を変えるしかないと考える久光は大原を説得し、幕府には③だけに絞って要求するように変えてもらった。

六月七日、一行は江戸に到着した。大原勅使は一〇日に初登城して③の勅命をつたえるが、幕府は承諾しない。先にも述べたが慶喜はかつて現将軍家茂と将軍の座を争ったライバルであったし、その実父の前水戸藩主徳川斉昭はことあるごとに幕府と対立していたため幕府役人だけでなく大奥の女官たちからも毛嫌いされていて、息子慶喜も同様に嫌われていたからである。また大老になれるのは井伊家など譜代大名数家に限られており、親藩（徳川一族）の松平春嶽にはその資格がないと拒んだ。

ここで大原は頑固者の本領を発揮する。幕府の強い反対にあうと普通の公家は引き下がるのだが、彼は反発し勅命実行を強硬に迫った。困った幕府は、春嶽の政事総裁職（譜代大名ではないので大老の呼称を避けた）を認めたが、慶喜については承諾しなかった。

そこで久光はさらなる強硬手段に出た。老中たちが登城する道筋のあちこちに帯刀した藩士を数名ずつ立たせたのである。桜田門外の変で井伊大老の首を斬ったのが薩摩藩の有村次左衛門だったことは知られている。危険な連中の出現に老中たちはおびえた。

大原重徳（京都大学付属図書館蔵）

二六日、大原は宿所に板倉・脇坂の両老中を呼び、隣室に薩摩藩士三名を控えさせて、「今日も承知しないのであれば、大変なことになるぞ」とおどかすと、老中の顔色が変わり、「お受けする方向で努力します」と返事した。大原は二九日に四回目の登城を行い、ようやく老中から慶喜の後見職受諾という回答を得たのである。

⊕文久の改革

大原と久光の奮闘によって幕府の枢要ポストに就いた慶喜と春嶽だが、老中以下役人たちの協力はなかなか得られなかった。それでも春嶽が奮闘して、斉彬時代からの懸案であった参勤交代の緩和（隔年ごと一年間滞在から、三年に一度で江戸滞在一〇〇日に変更）、妻子の江戸居住廃止が決まり、さらに儀式・服装の簡素化、外国に対抗するための洋学研究推進や軍制改革なども定められた。また京都の治安維持のため京都守護職が新設され、会津藩主松平容保《かたもり》が任命された（所司代はそのまま）。この一連の改革は実行されたのが文久二年（一八六二）であったことから『文久の改革』と呼ばれる。

久光の率兵上京で最も大きく変化したのは、朝廷と幕府の関係である。それまでは幕府が上で、朝廷は幕府の許可を得なければ何もできなかったのが、幕府が勅命をのんだことで立場が逆転し、幕府が朝廷の顔色をうかがうようになってしまった。

一二世紀に武士の政権である鎌倉幕府が誕生して以来、代々の将軍は天皇が任命するという形式をとっており、江戸幕府においてもそれは変わらなかった。しかしじっさいには天皇の任命は形ばかりであり、朝廷の行動はすべて幕府の指揮下にあった。尊皇の志が厚かった島津斉彬は、日本を分裂させないために天皇を最高意思決定者とし、幕府はその下で国家の行政実務を担当するという形を考えていた。そしてそれは久光の率兵上京という前代未聞の事件によって、完全ではないものの、部分的には実現されることとなった。

それまで幕府に従っていた諸大名も、江戸で幕府の人質のようになっていた妻子が国元に戻ってきたことから幕府に縛られずに行動するようになり、これ以後は政治の中心が将軍のお膝元である江戸から天皇のいる京都に移ることとなった。日本を外国の手から守りたい一念で動いた久光の率兵上京によって政局は大きく変化し、政治の世界において久光の存在は無視できない重要なものとなったのである。

生麦事件

話は少しさかのぼる。勅命を幕府にのませた久光は、八月二一日に江戸高輪の藩邸を出発した。そして午後二時ごろ、横浜の手前にある生麦村にさしかかったとき、馬に乗った四名の英国人が行列に向かってきた。川崎大師を見物しようとでかけた横浜居留地に住む生糸の貿易商ウィリアム・マーシャル、マーシャルの義妹で香港から観光に来たマーガレット・ボロデール、生糸検査員のウッジロップ・クラーク、そして上海から観光に来たチャールズ・リチャードソンの一行だ。

彼らは大名行列に出会ったときにどうするかを知らず、馬に乗ったままで行列とすれ違おうとした。供侍が制止したが、先頭のリチャードソンはそれを無視して進み、そのまま久光の駕籠に近づいたことから、供頭《ともがしら》の奈良原喜左衛門が駆け出してリチャードソンに斬りつけた。それに続いて他の供侍もいっせいに斬りかかったので、英国人たちはパニックにおちいり、馬の向きを変えて居留地に逃

生麦事件の現場（F. ベアト撮影）（横浜開港資料館所蔵）

げ帰ろうとした。リチャードソンは絶命したが、マーシャルとクラークは重傷をおいながら途中の神奈川宿にあった米国領事館に逃げ込み、ボロデール夫人だけが無傷で横浜の居留地までたどりついて生麦の惨劇をつたえた。

　これはまったくのハプニングだった。じつはこの日に久光の行列に遭遇した外国人はほかにもいた。横浜の米国領事館で書記官をつとめるヴァン・リードがリチャードソン一行の前に行列とすれ違っているが、彼は日本のしきたりを知っていたのですばやく馬をおりて道路の脇に寄り、頭を下げて久光の行列をやりすごしている。リチャードソンたちはそうしなかったので、久光の警備隊長である奈良原が危険を感じて斬りかかったのだった。

　報告を受けた久光は、外国とのトラブルを招く原因をつくり困ったことをしてくれたと思ったが、ルール通りに行動した部下をいまさら責めるわけにもいかず、黙って聞いていた。

　この事件を知った幕府は大騒ぎになったが、久光の行列は引き返すこともなくそのまま進んだ。非は外国人の方にあるとの考えからだった。

　生麦事件はあっという間に全国につたわり、久光は、本人の思いとはまったく逆に、たちまち攘夷のヒーローにまつりあげられてしまった。それまで外国人の傲慢な態度に立腹していた人々[13]は、大名行列に無礼を働いた外国人を成敗した薩摩藩に熱狂した。

当初久光は江戸からまっすぐ鹿児島に戻る予定だったが、朝廷や近衛家から京都にきて復命するようにと再三の要請でやむをえず上京した。京都に入った久光たちを迎えたのは、ヒーローを一目見ようとする大群衆だった。あまりにも多くの人がつめかけたので、駕籠を進めるのに一苦労するほどだったという。

久光は無位無官なので、御所に上がる資格がなかったが、孝明天皇の強い要請で参内し、天皇からじきじきに攘夷実行をほめられて剣まで拝領した。イギリスの軍事力を知っている久光であったが、こうなってしまった以上は不本意ながら一戦交えざるをえないことを決心したのだった。

13　通商条約の中に外国人が通貨を交換できる定めがあったが、金銀の交換比率が日本は一対五で外国は一対一五だった。つまり外国（主に中国の上海）から銀貨を持ち込んで日本で金貨（小判）に換え、それを外国に持ち帰れば当初の三倍の銀貨が得られた。これをくり返せばリスクなしで大もうけができる。この情報はまたたく間に拡がり、一攫千金を狙う外国人が日本に殺到した。イギリス外交官のオールコックはこの状況を、「ありとあらゆる国から無法で身もちの悪い連中が大量に流れ込んでいる」と評した。
領事裁判権により日本の役人は外国人を取り締まれなかったため、不良外国人はあちこちで乱暴狼藉をはたらき、日本人の反感をかっていた。また大量の金の流出は国内の急激な物価上昇をもたらしたので、攘夷思想はいっそう強まった。
オランダ人医師のポンペも「日本人は次第にヨーロッパ人を嫌うようになった。なぜならば、日本人の多くが、自分に加えられた侮辱と無礼な待遇に対して復讐を始めたからである。この現象はいたるところで認められた」と書いている。

⊕薩英戦争

話を生麦事件発生直後に戻すと、リチャードソン死亡の報を受けた横浜居留地の外国人たちは興奮して報復の軍勢をさし向けようとしたが、英国代理公使のニール大佐がそれを押しとどめた。彼は幕府に犯人逮捕を要求する一方で本国外務省に詳細な報告をおこない、その指示を待った。

文久三年（一八六三）一月、本国よりニールに、幕府には謝罪と一〇万ポンドの罰金を、薩摩藩主には犯人を英国官吏の面前で処刑することと被害者への賠償金二万五〇〇〇ポンド（リチャードソンの遺族に一万ポンド、他の三名に各五〇〇〇ポンド）を要求せよとの訓令が届いた。

幕府に要求した一〇万ポンドは小判にすると約二七万両で現在の価値では約二七〇億円、薩摩に要求したのはその四分の一の約七〇億円となる。この金額についてはのちにイギリス下院議会でも過大であると批判された。ヨーロッパの一国で生麦事件と類似の犯行が行われた場合にはその十分の一の金額でも充分と見なされただろうというのだ。

幕府は内部で異論も出たが、やむをえず一〇万ポンドをメキシコ銀貨で支払った。しかし薩摩藩は、大名行列を犯す者は死罪というのが日本の慣例であり非は英国人にあるとして、英国の要求を拒み続けた。しびれをきらしたニールは鹿児島で藩主と直接談判するために、幕府の制止もきかず、六月二二日に海軍中将のキューパー提督がひきいる七隻の艦隊で横浜を出航した。

当時は日本中が攘夷思想に染まっており、薩摩もその例外ではなかった。久光は彼我の武力差を知っていたので、攘夷など簡単にできるものではないと思っていたが、藩士たちはそうではなかった。のちに明治政府で西洋化を主導した大久保利通もこのころは強烈な攘夷論者だった。彼らは先君斉彬が始めた洋式調練についても、夷人と戦うのに夷人の武器・戦法を使うのはおかしいと反発した。久光もやむをえず小銃や軍制を旧来のものに戻したが、台場の大砲だけは斉彬が備え付けたものを残させていた。

六月二八日朝、艦隊は鹿児島城下沖合一キロに投錨した。そしてやってきた薩摩藩の役人にニールはあらためて犯人処刑・賠償金支払いを要求し、二四時間以内に回答せねば戦端をひらくとおどした。薩摩側は英国の要求に応じるつもりはなく、交渉が進展しないことから、ニールはキューパー提督に武力行使の準備を指示した。いっぽう薩摩側も開戦に備えて城下の住民を避難させるとともに、久光・忠義は海の近くにある鹿児島城を出て砲弾の届かない千眼寺《せんげんじ》に本陣をかまえ、各砲台には弾薬・砲弾を配備して戦闘準備体制をとった。

七月二日（西暦八月一五日）、この日は台風接近で朝から荒れ模様の天候だった。薩摩は英国の要求にこたえるつもりがないと判断した英国艦隊は、事前の湾内調査で発見していた薩摩藩の蒸気船三隻（天佑丸・白鳳丸・青鷹《せいよう》丸）を拿捕《だほ》した。三隻の船価は合計七万六二五〇ポンドで、賠償金二万五〇〇〇ポンドの三倍以上の額だから、これをおさえれば薩摩は船を取り返すために賠償金を支払うと考えたのだ。しかし、三隻が拿捕されたのを知った薩摩側は各砲台がいっせいに砲撃を開始した。英国艦隊は薩摩が攻撃してくるとは考えていなかったため、この砲撃にあわてふためいた。というのも、それまでの幕府との交渉では英国が強くでれば幕府はかならず譲歩したため、日本人

フランスの雑誌に掲載された薩英戦争の図
"The Bombardment of Kagosima, Japan" Le Monde Illustre

はおどせば折れると考えていたからだ。桜島にある袴《はかま》腰《ごし》砲台の直下に停泊していたパーシューズ号は錨を引き上げる余裕もなく鎖を切ってその場を逃れたし、旗艦のユーリアラス号では、弾薬庫の前に幕府の賠償金を入れた箱が積み上げてあったため、反撃までに二時間近くかかるありさまだった。(メキシコ銀貨がつまった重さ五四キロの箱二〇〇箱以上を動かさないと船底の弾薬庫が開けられなかった)

キューパー提督は、戦闘の足手まといになる三隻の拿捕船を焼くように命じ、一隻をそれにふりむけて、のこる六隻を砲台の射程外に移動させ体制を整えたのち、単縦陣を組んで各砲台への攻撃を開始した。英艦には最新鋭のアームストロング砲(後装砲で椎の実型の砲弾が回転しながら飛ぶため、射程距離が長く命中精度も高い。着弾で爆発するので破壊力も大きい)が備えてあった。台風の荒波で狙いが付けにくく十分な威力を発揮できなかったとはいえ、着実に各砲台を破壊し、さらにロケット弾で城下町を焼きはらった。

いっぽうの薩摩側も善戦し、丸弾・先込めの旧式砲ながら旗艦ユーリアラス号に多くの砲弾を命中させて、艦長と副長が死亡するなど多数の死傷者をだすという打撃をあたえた。台場砲だけは斉彬が設置したものを残し、訓練をかさねていたのが役立ったのだ。二日間の戦闘で、人的被害は英国が死者一三名、負傷者五〇名に対し、薩摩は死者五名、負傷者一四名（異説あり）で英国のほうが死傷者は多かった。しかし、薩摩はすべての砲台が破壊され、集成館工場や城下町の一部が焼失して、多大な物的被害をこうむった。

この城下町攻撃については、英国内で問題となった。英国の新聞ロンドン・アンド・チャイナ・テレグラフは一八六三年一〇月二九日の「リチャードソン氏はなぜ殺されたのか」という記事で、「鹿児島において一八万人の罪なき人々が家を焼かれたとき、その原因が、わがイギリス人の一団の人々の傲慢さと国民的習慣を無視したことにあったことを遺憾とせざるをえない」と書いた。米国のニューヨーク・タイムズも、一一月二四日（西暦）に「イギリスの残虐行為」という記事を掲載し、「その不幸な町は焦熱の地獄と化した。すなわち、イギリスの提督も代理公使も、なんの警告も合図もしないまま、男女子供合わせて一八万人の人が住み、紙と木でできた建物が集まっている町を、故意に砲撃し火をつけたのである。それも正々堂々とした戦いで町の砲台を破壊することができなかったからで、その不幸な町にはなんの罪もなかったのである」とつづっている。

七月三日、英国艦隊は小規模な戦闘を交えながら南下し碇泊、船体の応急修理を行って、翌四日に鹿児島湾から去った。従軍した英国公使館書記官のアーネスト・サトウが「石炭・糧食・弾薬などの供給不足が、わが方に退去の決心をさせるにいたったひとつの要因であったとも考えられよう」と語っていることから、艦隊は薩摩との交戦を予想していなかったため燃料や弾薬を充分に用意しておらず、これ以上は戦闘が続けられなかったようだ。

⊕和平交渉

薩英戦争の結果は、薩摩と英国の双方にとって、それまでの認識をあらためさせるものであった。薩摩は英艦隊のアームストロング砲の破壊力やライフル銃の性能に驚愕した。それまで西洋の武器を馬鹿にしていたが、その威力を目の当たりにしてからは意見が一変し、攘夷の実行がいかに危険で困難なものかを知った。また英国も日本列島の片隅にこれだけの防備があり、これほど頑強に抵抗されるとは思っていなかった。英国のタイムズ紙は一八六三年一〇月二一日の記事で、「我々は薩摩侯のわが艦隊に加えた砲撃がどんな被害を生じたかまだ聞いていないが、人員の損害から見ても、それは軽微なものなどとは言えない。中国人だったら、彼らの町が火に包まれるずっと前に逃げ去ってしまっただろう」「我々にとってあまり愉快なこととは言いがたいが、この並外れた国民の知性と未来の運命への確信が、我々の敬意をよぶだろうことは十分に考えられる。日本人がうまく戦えば戦うほど、我々は日本人との平和で友好的な関係を持ちたいと思い、そうした展望をあきらめる気にはなれないのである」と書いた。

薩英戦争の和平交渉は横浜で行われ、争点は薩英戦争ではなく生麦事件の賠償に絞られた。最初は双方が相手の行動を非難したが、お互いが相手の実力を認識していたことから交渉は進展し、薩摩側は賠償金二万五〇〇〇ポンドの支払いと犯人を探して処刑する（こちらは結局実行されず）ことを約束し、英国側は薩摩藩が希望する軍艦の購入を周旋することを了解して決着した。こうして互いの実力を知った薩摩藩と英国は、これ以降急速に親密度を高めていく。

余談であるが、英国ではＳＡＴＳＵＭＡは日本の地名ではなく温州ミカンの名前として知られている。一説にはこの和平交渉時に薩摩側から英国に温州ミカンが贈られ、手で皮がむけるオレンジを初めて見た英国人たちがめずらしい果物として本国につたえたことが始まりだといわれている。[14]

⊕西洋の技術習得に力を注ぐ

薩英戦争が終わって間もない八月、薩摩は破壊された砲台を再構築するために英国商人グラバーをつうじてアメリカに大砲八九門を発注した。また、戦争ですべての蒸気船をうしなったことから、九月に講和交渉中の英国から蒸気船一隻（安行丸）を購入、翌年の元治元年（一八六四）には四隻の英国製蒸気船を追加購入している。

そして戦争で焼失した集成館の再建にも着手、反射炉を使った造砲は鋳造技術習得の遅れから輸入に切り替えたが、機械工場・鋳物工場・鍛冶場・木工所・製薬所・雷管用のアルコール工場など軍需に関する工場を中心につぎつぎと工場を建設して、集成館を復興した。

戦争によって西洋との実力差を痛感した薩摩藩は積極的に西洋化を進めることとし、元治元年

14　明治初期に鹿児島に来たアメリカの外交官が温州ミカンを気に入り、苗木をアメリカに送ってそれが広まったとする説もある。

集成館機械工場（現在は世界文化遺産）

（一八六四）に開成所という洋学校を設立した。目的は藩内から選抜した秀才たちに西洋の軍事・科学技術を習得させることである。当初の教師は石河確太郎や八木称平ら藩内の洋学者だったが、のちには中浜万次郎（ジョン万次郎）や前島密《ひそか》（日本郵便制度の確立者）などの英学者が招かれ、英語・オランダ語・兵法・陸海軍砲術・航海術・天文・地理・物理・医学などを教えた。

さらに慶応元年（一八六五）三月には、西洋の文化・技術に直接ふれるため、新納久脩《にいろひさのぶ》（のち家老）・松木弘安（寺島宗則、明治政府で外務卿＝外務大臣）・五代友厚（明治政府に出仕後、実業家に転身）の三名の使節団と、開成所の学生を中心とした一五名の留学生ならびに通訳一名が英国に派遣された。当時はまだ日本人の海外渡航が禁じられていたが、グラバーの助けを借りて変名でひそかに出国させている。斉彬がやろうとして果たせなかった洋学校の設立や海外留学を、久光が実現したのだ。

なお、五代は英国到着後すぐに紡績機械の購入交渉に着手し、マンチェスターのプラット社に紡績機械だけでなく工場設計から技師派遣までを依頼した。慶応二年（一八六六）三月に司長イー・ホームほか四名の技師が鹿児島に到着して工場の建設に着手、機械も届き、新たな英人技師たちも加わって、慶応三年（一八六七）五月には集成館の隣地で日本初の洋式機械紡績工場が操業を開始した。英人技師たちは三年契約だったが翌年はじまった戊辰戦争のためわずか一年で帰国し、後は技術を習得した日本人のみで操業を続けている。[15]そうして、明治維新後はここで育った技術者たちが指導者となって日本各地に紡績所がつくられ、紡績業は明治日本の基幹産業となった。

外国の武器や技術がすぐれているとわかれば、ためらうことなく取り入れるところに薩摩藩の革新性がある。明治維新において薩摩藩が指導的立場に立ったのは決して偶然ではなく、斉彬が言った「中国・インド・オランダその外ヨーロッパ諸国のどこからでも、そのすぐれているところやよいものはことごとく取り入れて、わが国の欠けているところを補い、日本を世界に冠たる国にする」ことを忠実に実践したからなのだ。斉彬のこの教えがあったからこそ、日本はいち早く近代化に成功できたのである。

薩摩藩英国留学生（英国にて撮影、後列右から２人目が寺島宗則）（尚古集成館蔵）

15　プラット社は教育に三年は必要と見込んでいたが、蒸気機関を自製していた薩摩の技術者たちはすでに基礎知識が備わっており、一年でマスターできたと考えられる。

第九章　久光、幕府支援から対立に変化

⊕長州藩の攘夷活動

文久二年（一八六二）夏に話を戻すと、久光が去った後の京都では過激攘夷派の活動が一段と激しくなった。その中心となって運動していたのが長州藩と土佐藩の活動家や勤王の志士を名乗る浪人たちである。彼らは孝明天皇の意思を実現すると称して幕府関係者や幕府寄りとみられる人々をつぎつぎと襲撃し、京都の治安は悪化の一途をたどった。さらに朝廷も活動家に扇動された過激派の公家たちが主導権を奪い、攘夷一色に染まっていった。窮地に立った近衛ら穏健派は、このような動きを抑えることができる人物として久光の上京を切望した。しかし久光は生麦事件の後で当然予想される英国との戦いに備えて鹿児島の防備に専念せざるを得ず、上京要請に応じることができなかった。

翌文久三年（一八六三）三月、ようやく少し動けるようになった久光は、攘夷ムード最高潮の京

都に入った。彼はただちに近衛邸に行き、近衛忠熙《ただひろ》・忠房《ただふさ》父子はじめ、皇族の中川宮・関白の鷹司《たかつかさ》輔熙《すけひろ》に加え一橋慶喜・松平春嶽や土佐藩前藩主山内容堂《やまうちようどう》など朝廷と幕府の首脳部に対して、軽々しく攘夷をとなえて公家たちを扇動する浪人や藩士を処罰し、彼らの説を信用する公家を朝廷から退けて、天下の政治を幕府に任せることなどの建言を行った。しかし、参集した要人たちはみな沈黙したままで、何の反応もしめさなかった。過激攘夷派のテロが横行する京都はもはや無政府状態に近く、誰も意見を言えなかったのである。

このような中で久光一人が頑張ってもどうしようもない、いっぽう国元の薩摩はいつ英国艦隊が来襲するかわからない状況にある。久光はわずか三日で京都を去った。

この久光の迅速な行動には朝廷も幕府も驚愕したが、もはや手遅れで一同呆然となった。本来であれば幕府は久光の提言にすぐ賛同して、ともに京都の治安回復にあたるべきだったのだが、長らく外様大名を敵視してきた習慣は抜けず、久光の真意を疑って、せっかくのチャンスを逃してしまった。

山内容堂
（国立国会図書館デジタルコレクション）

⊕八月一八日の政変

文久三年（一八六三）七月の薩英戦争は両者が相手の強さを知った戦いであったが、日本国内では薩摩がまた攘夷に成功したと評判になった。京都の攘夷派はますます横暴になり、孝明天皇の意思を無視して偽の勅語を出し、天皇を嘆かせるようなありさまになっていた。久光の側近で京都藩邸にいる薩摩藩士の高崎佐太郎と奈良原幸五郎は、京都守護職として治安維持にあたる会津藩がこのような状況に怒り心頭であることを知り、共同作戦を提案する。

それは薩摩藩と会津藩で御所を固めて過激派公家の参内を止めておき、中川宮や近衛父子など穏健派公家や松平春嶽など公武合体派の大名だけで、過激派公家の排除と長州藩士の追放を決議するというものだった。秘密裏に立てられたこのクーデター計画は、八月一八日午前一時に実行に移された。三条実美《さねとみ》ら過激派公家七名は長州藩士とともに京都を追われて、京都の治安は一応回復した。しかしこれは彼らが京都から去ったというだけであり、いつまた戻ってくるかもしれないという不安は人々の間に根強く残っていた。長州を抑えることができるのは薩摩だけということは、朝廷も幕府もよくわかっていた。そこでふたたび久光に上京せよとの勅命が下された。

⊕久光三度目の上京

九月一二日、久光は一五〇〇名あまりの兵をひきいて鹿児島を出発。今回は途中の襲撃を警戒し、長州藩領を避けて海路京都に向かった。

久光が考えていたことは、兄斉彬の宿願である「日本を絶対に西欧列強の植民地にさせない」ということだけだった。しかし今の状態は、ただちに攘夷をせよと主張する長州や浪人たち過激派と、武力が劣る今の日本では列強に勝てないから攘夷はできないと考える幕府のあいだで国論が分裂し、内戦の一歩手前という様相を呈していた。

久光は国論を分裂させないために、朝廷をトップにすえ、そこに幕府と諸大名が加わって合議することで国内をまとめて、外国の介入をふせごうと考えた。つまり家茂将軍や後見職の慶喜、さらには松平春嶽や伊達宗城・山内容堂などの有力大名に「朝議参予」の資格をあたえ、彼らが孝明天皇の前で議論して国の方針を定めるのである。そこで朝廷にはたらきかけ、みずからも動いて、将軍家をはじめ諸侯に上京をうながした。

久光は、鎖国というのは武力が勝っていなければできるものではなく、武力で劣る日本がいくら鎖国攘夷を主張しても、西欧列強には通用しないことがよくわかっていた。孝明天皇から『極密宸翰《ごくみつしんかん》』で政治方針をたずねられたときも、「攘夷の一件については、現在では開国か鎖国かの権は彼（外国）の手の中にあり、こちらから鎖国のことを申し入れても実現できず、かえって大変なことになる危険性があります。この権をこちらの手に入れるには武備充実以外にありません」と、正直に回答している。久光は、天皇に現状を理解してもらうことで国内世論を統一し、国力を強めて植民地化をふせぐとの考えだった。

⊕ 参予会議とその解体

朝廷からの上京要請を受けて、春嶽・宗城・慶喜・容堂が相次いで上京。将軍家茂も翌元治元年

（一八六四）の一月一五日に到着した。官位がないとして参加を辞退していた久光にも、朝廷は『従《じゅ》四位下《しいのげ》左近衛権少将《さこんえごんのしょうしょう》』に叙任して『朝議参予』を申し付けた。

久光はこの参予会議によって国論を統一し、国内の対立をなくして軍備強化につとめることで、西欧列強に対抗できる国にしようと考えていた。しかしそれはかなわず、参予会議は空中分解してしまう。その原因は一橋慶喜だった。

久光が努力して実現させた朝廷の参予会議だったが、慶喜は幕府の権威回復手段としか考えていなかった。彼は鎖国攘夷を望む孝明天皇に、条約に基づいて開港した横浜港の鎖港を請け負うといった不可能な約束をして天皇の信頼を勝ち取り、朝廷を慶喜中心の幕府権力の強化に利用した。この朝廷を利用した慶喜政権の出現によって、久光の念願した『朝廷を主軸とする幕府・大名合議体』は雲散霧消したのである。

幕府から毛嫌いされていた慶喜を将軍の後見役につけて、政治の表舞台に立てるようにしたのは久光だった。国内を分裂させないために、それまではかけ声だけで中身がなかった公武合体を朝廷の参予会議という形で実現させようとしたのも久光だった。しかし慶喜は幕府の権威回復だけに熱心で、会議は久光の思いとは反対の方向に進められ、とうとう解体してしまった。久光は強い衝撃を受け、深い失望を味わうこととなった。

徳川のことしか考えない慶喜と事なかれ主義の幕府、何事も決められない朝廷という京都の現状に失望した久光は、朝廷に参予辞任と官位返上をもうしでた。理由は「腰と脚の痛みが頻発し、任務に堪えられないから国に帰って温泉で療養したい」である。持病である脚気《かっけ》が悪化していたことも事実だが、国内分裂の危機を眼前にしながら何もしない朝廷と幕府に愛想を尽かしたというのが本当の理由だった。

久光は四月に京都を去るが、その前に小松帯刀・大久保利通・西郷隆盛の三名を呼んで今後の方針をしめしている。二年前に島流しにされた西郷は許されて京都に戻り、軍賦役《ぐんぶやく》（京都藩兵の軍司令官）に任命されていた。久光がしめした今後の方針とは、「同志喧嘩をしない」と「天皇を守ることだけに専念せよ」だった。どちらも斉彬の考えを受け継いだものである。

⊕禁門の変

久光が去った後、京都の薩摩軍司令官西郷は長州藩士の薩摩船攻撃への対応に追われた。八月一八日の政変で京都を追われた長州藩士は、会津と薩摩をうらみ、長州藩領を通行する薩摩船をたびたび襲撃した。久光から同志喧嘩禁止を命じられている西郷は、いきり立つ薩摩藩士を抑え、長州を刺激せぬようにして沈静化をはかっていた。

しかし京都を追われたのは会津と薩摩の陰謀だとする長州は、ついに実力行使に出た。『禁門の変』である。元治元年（一八六四）六月二四日、名誉回復を「嘆願」するとして、武装した六〇〇名あまりの長州兵が京都の入り口にあたる伏見と山崎に到着した。幕府は薩摩藩に出兵を命じたが、久光の密命を受けている小松・西郷はこれを拒否する。長州からの援軍は七月に入ってからも続き、「京都守護職松平容保（会津藩主）を国賊として討つ」など主張もエスカレートしてきた。

禁門（蛤御門）古写真（京都大学付属図書館蔵）

七月一八日、朝廷は長州追討令を出した。天皇を守るために長州を討てという指令である。これにより薩摩兵も出兵し、御所の警備についた。翌一九日、三名の家老にひきいられた長州兵が京都に軍を進めて、御所の門（禁門《きんもん》）を警備する会津・桑名などの兵と激突、はじめは長州兵が優勢であったが、西郷にひきいられた薩摩藩銃砲隊が応援に駆けつけたことで形勢は逆転して長州は総崩れとなり、再び京都から追放された。

これに勢いをえた幕府は長州を討伐するため、諸藩に出兵を命じる（第一次長州戦争）。征討軍の参謀長となった西郷は長州に知恵をさずけ、首謀者である家老三名を切腹させることで、戦闘に入る前に事態を収めた。久光の命じた「同志喧嘩をしない」を守ったのである。

⊕幕府を見限る

幕府は戦闘抜きで長州を降伏させたことで自信を深め、この際一気に長州を潰してしまおうと考えた。慶応元年（一八六五）四月、幕府は長州再征のために将軍が進発することを布告する。これに注目したのが、新任の英国公使パークスだった。パークスは仏・米・蘭代表とともに、天皇のいる京都に将軍以下幕府首脳部が集結するタイミングに合わせて、京都の入り口となる兵庫沖に軍艦九隻で押しかけ、棚ざらしになっている通商条約の勅許を迫った。目前にあらわれた外国艦隊に朝廷や幕府はパニックとなり、朝議がくり返された末に、懸案であった条約勅許がついに認められた。幕府だけでなく朝廷も外圧に弱いことが誰の目にも明らかになってしまった。

慶応二年（一八六六）二月のロンドンで、一五名の薩摩藩留学生とともに渡英していた松木弘安は、英国下院議員オリファント[16]の紹介でクラレンドン外相に面会して、重要な提案を行っている。

英公使パークス
『幕末・明治・大正回顧八十年史』
（著者蔵）

内容は、「現在諸藩士が外国人を襲っているのは外国人との交際に反対しているのではなく、幕府の権威のなさを外国人に知らせ、外交権を幕府から朝廷に移すことをねがっているからだ。幕府は貿易を独占して、多くの物産を生産する諸藩には貿易を許していないから、外国人は貿易を拡大できない。拡大するためには条約締結権を朝廷に移して

16　ローレンス・オリファント　一八二九～一八八八　一八六一年に英国日本公使館書記官として着任、水戸浪士等が公使館を襲った東禅寺事件で負傷し帰国した。

大名にも貿易を認めるべきで、イギリスはそれに力を貸してほしい」というものだった。
クラレンドン外相はこの松木の提案を重視して、駐日公使パークスに意見を求めた。そのころのパークスは、かつて戦った薩摩よりも幕府に親近感を抱いていたようだ。しかし貿易商グラバーの仲介で六月に鹿児島を訪問して久光と忠義から大歓待を受け、集成館も見学して薩摩の意図と実力を理解した。また薩摩側も英国の関心が日本の支配ではなく貿易の拡大にあるということを確認した。なおこのときパークスは薩摩切子工場を見て、「西洋博覧会に出して恥ずかしからぬほどの手際なり」と絶賛したとつたえられている。

慶応二年（一八六六）四月、幕府は諸藩に長州再征の出兵命令をだした。しかし、京都藩邸で応対した大久保は幕府の出兵要請を拒絶した。当時の西郷の手紙によれば、その報告を受けた久光と藩主忠義は「大久保よくやった」と大満足だったようだ。国内をまとめて外国に対抗すべきときに、それと逆行した政策をとる幕府を薩摩はもはや見限っていた。

⊕パリ万博

慶応三年（一八六七）には日本国外で幕府と薩摩藩が対立する出来事があった、パリ万博である。これは日本が主体的に参加した初めての万国博覧会で、駐日仏公使ロッシュが幕府に参加を要請し、承諾された。一方薩摩も五代友厚がベルギーとフランスの爵位を持つモンブランから参加を勧められ、薩摩琉球国として独自に参加を決めた。

家老岩下方平《みちひら》を団長とする薩摩藩使節一〇名は現地合流のモンブランとともに慶応三年（一八六七）二月六日にパリ到着。これは慶喜の弟徳川昭武《あきたけ》を団長とする幕府使節団より二カ月も早いものだった。幕府不在の間に、薩摩使節団はモンブランを代理人として精力的に活動する。薩摩侯は幕府から独立した琉球国王を兼ねていると主張して会場内に独自の展示場を確保しただけでなく、フランスのレジオン・ドヌール勲章に倣《なら》った『薩摩琉球国勲章』をつくって仏政府の高官に贈った。薩摩は幕府の配下ではなく、独立した国家であることを欧州諸国にアピールしたのだ。

遅れて到着した幕府使節団はこれを知って強硬に抗議したが、薩摩代表の岩下は「すべてモンブランに任せたことと」と言い張って、これをかわした。双方の激しいやりとりの結果、幕府が「大君政府（Gouvernement du Taikoun）」、薩摩が「薩摩太守政府（Gouvernement du Taischiou de Satsouma）」の名で展示することが決まった。当時の日本では各藩の行政組織を「藩政府」と呼んでいたため、幕府も薩摩藩が政府と名乗ることを認めたのだが、これは大失敗だった。翌日の新聞各紙は「日本はプロシャのような連邦制をとっており、大君（将軍）はその中の有力な一王侯に過ぎず、薩摩太守と同じように独立した領主である。したがって大君といえども大名と同格ではないか」と一斉に報じた。

薩摩琉球国勲章（尚古集成館蔵）

将軍が日本の元首ではないということの報

道は、幕府に深刻なダメージをあたえた。というのは、勝海舟がのちに語ったところでは、幕府は当時フランスで兵庫・長崎・函館の三港を抵当に六〇〇万ドルの外債を発行する計画があったからである。幕府はその資金で武器と軍艦を購入し、まず長州ついで薩摩を亡ぼした上で、中央集権国家に移行しようと考えていた。しかし幕府が日本を代表するものではないとの見方が広まったため、この計画はついえた。勝によれば幕府には外債償還の目処はなかったそうで、返済できなければ三港はフランスのものとなっていた。まさに薩摩藩の行動が日本を守ったのだ。

第一〇章　明治維新

⊕幕府の権威失墜と薩摩藩内の変化

慶応二年（一八六六）六月、幕府と譜代大名の大軍は四方面から長州に攻め入った、第二次長州戦争の開始である。幕府の威光をもって大軍で取り囲めばそれだけで長州は降伏するだろうと安易に考えていた幕府軍であったが、戦闘が始まると各所で長州兵に撃退され、敗戦の報が相次いだ。というのも幕府軍の主力装備は三世紀前の火縄銃と刀槍だったのに対し、長州兵は射程距離が長く命中精度も高い雷管式ライフル銃が標準装備となっていたからだ。この圧倒的な火力の差に幕府軍は手も足も出ず、勝手に戦線を離脱する藩もあらわれた。じつは長州が強力な武器を大量に保有していたのは、薩摩藩とひそかに同盟を結んでいたからだった。長州藩は幕府に敵視されていたため、幕府は貿易商たちに長州への武器売却を禁じていた。そこで薩摩藩が武器を購入したことにして、長州に渡していたのだ。日本国全体のことを考えない幕府に見切りをつけた薩摩藩は、有力大

徳川家茂肖像（福井市立郷土歴史博物館蔵）

名の連合体で国家を運営しようと考え、長州藩と同盟を結んだのである。

長州で幕府軍が苦戦する中、総大将である将軍家茂が大坂城内で急死する。死因は当時多く見られた脚気であった。混迷した幕府は、朝廷に頼み込んで戦争停止の勅命を出してもらい、長州藩と休戦協定を結ぶ。事実上の敗戦で、幕府の権威はますます失墜した。

家茂の死により慶喜が一五代将軍に就任するが、将軍就任の二〇日後に慶喜の最大の支援者である孝明天皇が天然痘で亡くなった。幕府にはもはや大名を制圧する力はなく、支えてくれていた孝明天皇もいなくなってしまったことで、慶喜の立場はきわめて不安定なものとなっていった。

同じころ、薩摩藩内でもパワーバランスに変化が起こっていた。これまで藩を牽引してきた久光が脚気で寝たきりとなり、家老の小松も足痛で苦しんでいた。藩主忠義はまだ経験不足であることから、代わって西郷隆盛と大久保利通が事実上のリーダーとなった。同じように幕府に見切りをつけたとはいえ、平和裏に政権交代を考えていた久光と小松ではなく、武力行使をためらわない西郷と大久保が主導権を持ったことが、これ以後の薩摩藩の行動を変えていく。

⊕大政奉還

幕府に見切りをつけていた薩摩藩が武力討幕路線に変更したことは、慶喜将軍の立場をいっそう困難なものとした。その慶喜に手を差し伸べたのは土佐藩の後藤象二郎だった。後藤は藩の最高実力者山内容堂の承認を取りつけた上で、慶喜に『大政奉還』を建白した。つまり徳川幕府が政権を朝廷に返上して、一大名に戻るというものである。これを実行すれば幕府を倒すという運動はその目的をうしなってしまう。慶喜はこの案に乗った。

じっさいこれまで政治にかかわったことのない朝廷には政権を担う能力も気概もないし、有力大名たちにしても、地方行政はできるが国家の運営に携わったことなどない。どうしても幕府に頼らざるを得ないのだ。名目上の徳川幕府は消えても実質的には存続する、慶喜はそう考えたのではないか。

後藤象二郎
（国立国会図書館デジタルコレクション）

しかしそれでは従来路線の延長に過ぎず、日本を近代工業国家に変えることは望めない。斉彬の遺志実現ができなくなることを西郷たちは恐れた。

そこで西郷は江戸の治安を不安定にして幕府を

挑発しようと考え、益満休之助《ますみつきゅうのすけ》と伊牟田尚平《いむたしょうへい》を江戸に送った。

後藤象二郎の話では、幕府内において大政奉還に賛成していた者は慶喜将軍だけだったらしい。幕府直属の家臣である旗本たちは特権的地位をうしなうことになるので猛反発したし、幕府を守るために奮闘してきた京都守護職の会津藩や京都所司代の桑名藩も大反対だった。幕府側も反幕府側も大政奉還をめぐって、さまざまな思いが交錯していたのである。

一〇月一四日、慶喜は朝廷に『大政奉還の上表文』を提出した。そして、まさに同じタイミングで、朝廷より薩摩藩と長州藩に『討幕の密勅』が下されていた。幕府を討てという秘密命令である（ただし政権返上を朝廷が了承したため、一〇月二一日に密勅見合わせの沙汰書が下される）。この密勅を受けた薩摩では、藩主島津忠義が一一月一三日に三〇〇〇名の兵をひきいて薩摩を出発、二三日に京都に入った。

慶喜の上表文を受けとった朝廷は、案の定困惑していた。一応受けとったものの、自分たちには国政運営などできない。徳川家が大名に戻ったのであれば、今後は有力大名会議を開いて国家を運営することになろうが、それまでは従来通りの業務を行うようにと指示した。しかしこれでは反幕府側は納得できない。

一二月九日、朝廷は王政復古を宣言する。孝明天皇の後を継いだ明治天皇（一五歳）親政の新しい政権が樹立され、長州藩の復権や過去に処罰された急進派公家らの復帰が認められた。徳川慶喜については、内大臣の官位だけでなく領地も返上するように求めた。怒る旧幕臣が暴発することを恐れた慶喜は、家臣を連れて京都の二条城を去り、四〇キロあまり離れた大坂城に移った。

豊洲国輝「近世史略　薩州屋敷焼撃之図」（東京都立中央図書館蔵）

⊕薩摩藩邸焼き討ち

新しい政権ができたとはいえ、それは名目だけで実力も資金もない状態だった。それらは依然として旧幕府側にあったからだ。当初新政府は慶喜を無役にし、将軍家の領地七〇〇万石のうち四〇〇万石を行政のための費用として新政府に引き渡すことを求めようとした。しかし次第に弱気になって、納地は二〇〇万石に修正し、慶喜も追放ではなく京都に呼んで新政府の議定に任ずることで妥協をはかる。慶喜は大坂城にじっとしているだけで、新政府のリーダーになれそうな状況に変わってきた。これは西郷や大久保のような武力討幕派にとっては、望ましくない方向だった。

だが、局面は思わぬ方に展開する。西郷が江戸を攪乱《かくらん》するために送り込んだ益満・伊牟田は、浪人集団をひきいて江戸市中で挑発行動を開始していた。彼らは豪商の店に押し入り、勤王活動費と称して大金を奪うだけでなく、各所で放火・略奪・暴行をくり返し、追われると薩摩藩邸に逃げ込んでいた。江戸の治安維持にあたっていた庄内藩はこの暴行に手を焼いていたが、自藩の警備屯所に銃弾が撃ち込まれたことで我慢の限界に達した。一二月二五日、庄内藩兵は幕府歩兵隊などの応援をえて約一〇〇〇名で薩摩藩邸を囲み、大砲を撃ち込んだ。猛烈な市街戦がはじまり、薩摩側は四九名が戦死、残りは逃げ去り、藩邸は全焼した。

江戸で薩摩藩邸を焼き討ちしたという情報が二八日に大坂城につたわると、不満を抱えて爆発寸前だった旗本や会津・桑名両藩の藩士たちは「江戸に続け」と一気に主戦論に傾き、もはや慶喜の制止に従うような状況ではなくなってしまった。

⊕戊辰戦争

明治元年（一八六八・干支は戊辰）一月一日、徳川慶喜は「朝廷をあやつる島津家の奸臣どもを引き渡さねば誅戮《ちゅうりく》を加える」と主張して、薩摩藩に宣戦布告した。このとき大坂城にいた旧幕府軍は一万五〇〇〇名、一方の新政府軍は薩摩藩と長州藩を合わせて五〇〇〇名弱に過ぎなかった。京都には他藩の兵も駐留していたが、いずれも模様眺めで戦のなりゆきをうかがっていた。

一月三日、旧幕府軍は大坂城を出て、京都に向かう最短のルートである鳥羽街道と伏見街道を進んだ。数で劣る新政府軍は、京都の入り口にあたる上鳥羽と伏見御香宮《ごこうのみや》に銃砲隊を配備して待ち受けた。戦端はまず上鳥羽で開かれる。押し通ろうとする旧幕府軍と、それを拒む薩長兵との間で口

『戊辰戦記絵巻』（部分）（著者蔵）

論となり、薩摩兵が大砲を発砲して戦闘が始まった。旧幕府軍は大軍で威圧すれば戦いにならないと思っていたのか、鉄砲に弾込めもしておらずとっさの反撃もできないまま大敗を喫した。鳥羽から三キロ離れた伏見においても、鳥羽の砲声を機に、御香宮の大砲が一斉に火を噴いて旧幕府軍の拠点伏見奉行所を攻撃、ここでは最新装備の幕府歩兵隊が善戦したものの、新政府軍の砲弾が奉行所の弾薬庫に命中して大爆発が起き一面火の海となったため、旧幕府軍は潰走した。

　四日未明、明治天皇は仁和寺宮嘉彰《よしあき》親王を征討大将軍に任命し、天皇の代理をしめす節刀と、皇軍の印である錦の御旗をあたえた。初戦に大勝利したことと天皇の軍隊であると認められたことから、流れは一気に新政府軍に傾く。朝敵となることを恐れた淀藩や津藩が寝返り、旧幕府軍は連敗をかさねて大坂城へ逃げ帰った。

　六日夕刻、大坂城で開かれた軍議で慶喜は徹底抗戦を命ずるが、当人はその夜会津藩主の松平容保、桑名

『戊辰戦記絵巻』（部分）（著者蔵）

藩主の松平定敬《さだあき》らわずかな側近をつれて大坂城を抜けだし、海路江戸へ向かった。総大将以下指揮官を一気にうしなった旧幕府軍はパニックとなり、大坂城を捨てて逃走。新政府軍は抵抗を受けることなく、大坂に凱旋した。

　江戸に戻った慶喜に仏公使ロッシュは新政府への徹底抗戦を勧めるが、慶喜はそれを断って軍の解散を命じ、江戸城を明け渡して上野寛永寺で謹慎した。しかし、榎本《えのもと》武揚《たけあき》にひきいられた幕府海軍は軍艦の引き渡しを拒否、また陸軍歩兵奉行の大鳥《おおとり》圭介《けいすけ》がひきいる最新装備の歩兵隊も脱走した。彼らは旧幕府に恩義を感じている東北の諸藩とともに戦い、破れた後さらに北上して北海道に渡って戦いを続けた。

　明治二年（一八六九）五月、最後まで抗戦していた榎本・大鳥が降伏して、一年半にわたった戊辰戦争は終結した。面白いのはその後の処遇で、榎本・大鳥の首謀者は投獄されたが死刑にはならなかった。これは新政府軍の戦闘指揮官だった薩摩藩の黒田清隆が榎本の人物・識見を惜しんで助命嘆願したためである。薩摩の国風は武勇を尊ぶことだが、それは敵に対しても同じであった。堂々と戦った敵には、敗軍の将といえども敬意を払うのが軍人のあるべき姿とみられていた。榎本は二年半獄にあったが罪を許されて明治政府に出仕し、北海道の開拓に尽力、のちには通信・農商務・文部・外務の各大臣を歴任した。大鳥も同様に出獄後北海道開拓に従事、工部大学校長や華族の教育機関である学習院長を歴任し、明治二二年（一八八九）には特命全権清国駐劄《ちゅうさつ》公使となっている。

同様に旧幕府の行政実務を担っていた人々の多くが新政府に採用されて旧来の業務を行い、政権交替にともなう混乱を少なくした。戊辰戦争の戦地となった場所をのぞけば略奪や暴行のような混乱はおきず、ほぼ通常どおりの社会秩序が保たれたのは、新政府が旧幕府の人間を排除しなかった結果でもある。

中国のジャーナリストで日本近代史にくわしい馬国川氏は「この明治政府の分け隔てないやり方は理解に苦しむ」と述べているが、島津家は戦国時代でも戦が終われば敵味方の区別なく供養していた。戦いが終わればノーサイドだから旧敵であっても有能な人間なら登用する、中華文明とは異なるこの考え方こそが、日本が東アジアの国々の中でいち早く近代化に成功した要因だといえよう。

㊉明治維新は大革命だった

戊辰戦争によって七〇〇年ちかく続いてきた武士の支配は終わりを告げる。明治二年（一八六九）六月、政府は世襲の領主だった大名の地位を政府が任命する地方官である知藩事に変え、彼らの資産を個人の財産と地方政府の財産に分離した（版籍奉還）。次いでその二年後に、旧大名の地方政府を廃止して政府が任命した官僚が直接統治することとした(廃藩置県)。これによって封建制度はなくなり、中央集権体制ができあがった。

藩がなくなれば武士のポストもなくなる。廃藩は武士全員を解雇する手段でもあった。武士階級のうち政府に再雇用された者は三分の一だけで、大多数の者は職務もなく政府から支給される俸禄(年金)で生活することとなった。この財政負担に耐えられなくなった政府は、明治九年(一八七六)に俸禄を打ち切り、三〇年以内に償還する国債に代えた。これによって人口の約六%にあたる武士身分はなくなった。廃藩直後には被差別身分も廃止されているので、約五〇〇家ほどの皇族・華族だけを例外として、日本列島に生まれ育った人々は(男性限定であるが)対等の権利を持つようになった。

明治維新はフランス革命やロシア革命のような大規模な戦闘や多数の死者を出すことはなかったが、社会の変革の大きさではそれらを上回る大革命といえる。武士階級を消滅させただけでなく、前時代の制度と組織を全否定して、新しくつくり出した。たとえば軍隊は徴兵制によって国民すべてから構成され、大名が指揮官になることもなかった。産業分野を見ても、郵便はすでに発達していた飛脚制度を廃止して切手貼付全国一律料金の新事業に変えたし、海運業も江戸時代の廻船業者ではなく三菱などの新会社を育成した。これは前時代的な慣行や利権を排除するためである。

最も劇的に変えたのは教育制度だ。すでに述べたように江戸時代の日本は世界でもトップクラスの識字率で、男性の四〇%、女性の二五%が寺子屋などで教育を受けていた。当時最先端の工業国家であったイギリスでも、教育機関に通って学んだ者は男性の二五%位に過ぎず、女性の入学を認める教育機関は存在しなかった。しかし明治政府はこの寺子屋を転用することはせずに、まったく新しい学校を各地につくり、畳ではなく椅子に座らせ、統一した教科書を使用して読み書き計算と体育を教えた。職業の世襲制がなくなったので将来どのような職に就くかわからない子供たちには、専門教育ではなく一般教養を優先して教えるように変えて、工業国家の労働者を育てたのだ。

⊕文明開化

近代化を急ぐために過去のしがらみを断ち切り新しいしくみをつくっていく。その中心思想が『文明開化』である。明治四年（一八七一）、明治政府は岩倉具視を団長に、大久保利通、木戸孝允、伊藤博文ら時の政府の中枢人物で構成された総勢一〇七名の大使節団を欧米に派遣した。目的は新政府による国書奉呈と、条約改正の予備交渉、そして欧米各国の近代的制度や施設の調査研究である。彼らは約一年一〇カ月かけてアメリカ・ヨーロッパ一二ヵ国を歴訪して西洋の進んだ文明を目の当たりにし、日本との差を痛感する。島津斉彬は「どこからでも、そのすぐれているところやよいものはことごとく取り入れて、わが国の欠けているところを補い、日本を世界に冠たる国にする」と語っていたが、そのすぐれているもの、近代国家にするために必要なものを肌で感じ取ったのである。

こうして明治政府は文明開化というスローガンを掲げて、急速に西洋化を進めていった。じつはこれが西欧諸国と肩を並べられるギリギリのタイミングだった。二〇世紀に入ると、世界は機械化による規格大量生産時代となって、明治日本が始めた初期的な工業化では追いつくことができない

岩倉使節団（左から木戸孝允、山口尚芳、岩倉具視、伊藤博文、大久保利通）『幕末・明治・大正回顧八十年史』（著者蔵）

ステージに移ったからである。

日本が岩倉使節団を派遣したのと同じ頃、中国の清朝もいくつかの視察団を欧米に派遣していた。しかしその報告は軽視され、政策に反映されることはなかった。清末の政治家梁啓超[17]は、西洋に対する中国と日本の対応についてこう語っている。

「三〇年後、日本は強く、中国は弱くなるだろう。日本人はヨーロッパで学業に励み、官制を研究し、帰国後それを活用する。中国人はヨーロッパで戦艦はどの工場のものがいいか、どの工場が安いかを聞いて回って購入し、帰国後それを使用する。一方は学に重きを、一方は物に重きをおく。強弱の根源はここにあるのではなかろうか」

17　りょうけいちょう　一八七三〜一九二九　清末・民国期の政治家・啓蒙思想家、清末の政変で明治三一年（一八九八）日本に亡命、辛亥革命後の一九一二年に帰国し中華民国政府の司法総長や財政総長を務めた。

この予言は現実のものとなる。近代化できないまま清朝は一九一二年に滅亡した。

一方日本は急ピッチで近代化を押しすすめ、明治三八年（一九〇五）にはヨーロッパの強国ロシアとの戦い（日露戦争）に勝利して、西欧列強と肩を並べるまでになった。嘉永六年（一八五三）の黒船到来から半世紀で、日本を近代工業国家にするという島津斉彬の志が実現したのである。

エピローグ 〈その後の薩摩〉

鹿児島は幕末にはアジア最大の工業地帯を有し、日本近代化のリード役であった。安政五年（一八五八）に鹿児島を訪れたオランダ人医師のポンペは、「ヨーロッパ人といっそう自由に交流できるようになれば、この藩はまもなく日本全国のうちで最も繁栄し、またもっとも強力な藩になることは間違いない」と書き残している。じっさい日本を近代国家に変えた明治維新においては、薩摩が最大の功労者であった。明治四年（一八七一）に廃藩置県が行われたとき、集成館には二六の工場があり、日本最大の軍需工場となっていた。周辺の火薬製造所を含むと、一日に火薬一七〇キロ、小銃の薬包（パトロン）一万四五〇〇発を製造可能で、火薬二〇〇万トン、薬包三七五万発が備蓄されていた。文字通り日本の火薬庫だったのだ。

そして鹿児島はあまりにも強大であったため、廃藩置県後の中央集権国家形成過程において新政府と一線を画し、独立国家のような様相を呈していた。新政府は中央集権体制をつくるために、新しくできた県の幹部に県外（他藩）出身者を送り込む方針で、鹿児島と同じく維新に大きく貢献した山口県（長州）ですら旧幕臣が幹部となっていた。しかし、鹿児島県だけは他藩出身者を受け入れなかった。

明治六年（一八七三）、朝鮮への対応をめぐって政府内で大久保利通と対立した西郷隆盛が、官職を辞任して鹿児島に戻り、西郷をしたう多くの軍人がそれに倣《なら》って鹿児島に帰ってきた。西郷は郷士の若者の教育機関として『私学校』を設立、県令（県知事）大山綱良《つなよし》が西郷の盟友だったことから、これに全面的に協力して、私学校派が県を支配するようになった。

このころ島津久光は体調もかなり回復していたが、もともと西郷を嫌っていたため、忠義とども私学校や県にはかかわらない姿勢を貫いた。政治の世界から身を引いた久光は、明治二〇年（一八八七）に亡くなるまで歴史書の著作に専念したが、それは未完に終わった。

明治一〇年（一八七七）年一月、政府は鹿児島に備蓄されていた弾薬をひそかに大阪に移そうとしたところ、それに気づいた私学校生徒が憤激して集成館の火薬庫を襲撃、これがきっかけとなって日本最後の内乱となる西南戦争が勃発した。西郷はもはや私学校生徒を抑えることができなかった。その様子は、一〇年前に激昂する幕臣や会津藩を抑えられずに出兵した徳川慶喜を想起させる。

二月、西郷を大将とする一万三〇〇〇名の薩摩兵は、政府糾弾のためと称して東京に向かった。しかし、彼らは大きな誤算を犯した。当時の政府軍は徴兵制により徴募された兵士つまり町人や農民の集団だったので、維新最強の薩摩兵であれば簡単に勝てると考え、弾薬の供給拠点となる集成館の守備兵もおかずに出陣してしまった。これも幕府のご威光があれば相手はひれ伏して、戦はすぐに終わると楽観視した旧幕府軍のようなものだった。

三月、政府軍の軍艦春日丸（旧薩摩藩の軍艦！）が鹿児島湾に来航し、備蓄されていた火薬を海に投げ捨て、銃弾や製造機械などを搬出、さらに火薬製造工場を破壊した。守備兵のいない西郷軍はなすすべもなかった。

戦場においては圧倒的物量で迫る政府軍に対し、補給路を断たれた西郷軍は敗走を続け、九月には西郷が自刃して西南戦争は終結した。当時大阪の臨時病院で政府軍負傷者の治療にあたっていた石黒忠悳《ただのり》（のち陸軍軍医総監）は「全国の四民から採った徴兵が有名著しき薩摩武士に勝ったことが、私の壮時から抱持した全国の草莽の有志で王政復古を樹立するという素志にかなった」と喜んでいる。石黒は東北地方の代官所役人の子で旧幕府側だから、このような思いを抱いたのだろう。

この西南戦争をもって武士の反乱は終息し、国内の争いは武力闘争から自由民権運動という言論の分野に移っていく。


西南戦争の後、鹿児島にあった武器弾薬の製造機械と職人たちは東京に移され、工場もおおかたは破却された。こうして鹿児島は、軍需物資の製造拠点としての能力を完全になくしてしまった。それだけではない、多くの若者が戦死し、市内は焼け野原となって民間の工場もなくなってしまった。薩摩切子の職人たちは働き場をうしない、一部は東京にできた官営のガラス工場に転職した。

令和元年（二〇一九）の鹿児島県ＧＤＰ（県内総生産）は五兆七七二八億円で、四七都道府県中の二六位、最大の産業は農業（生産額は全国二位）である。農業県となった鹿児島が、幕末に日本の近代化をリードした工業地帯であったことをしめすものは、世界文化遺産として鹿児島市内に残されているわずかな遺構だけである。

■参考文献

青山忠正『幕末維新　奔流の時代』一九九八年　文英堂
池田俊彦『島津斉彬公伝』一九九四年　中公文庫
石黒忠悳『懐旧九十年』一九八三年　岩波文庫
石井謙治『和船II』一九九五年　法政大学出版局
市川寛明・石山秀和『図説江戸の学び』二〇〇六年　河出書房新社
市来四郎『島津斉彬言行録』一九四四年　岩波文庫
ローレンス・オリファント著　岡田章雄訳『エルギン卿遣日使節録』一九六八年　雄松堂書店新異国叢書
オールコック著　山口光朔訳『大君の都』一九六二年　岩波文庫
カッテンディーケ著　水田信利訳『長崎海軍伝習所の日々』一九六四年　平凡社東洋文庫
角田徳幸『たたら製鉄の歴史』二〇一九年　吉川弘文館歴史文化ライブラリー
門松秀樹『明治維新と幕臣』二〇一四年　中公新書
芳　即正『島津重豪』一九八〇年　吉川弘文館人物叢書
芳　即正『薩摩人とヨーロッパ』一九八二年　著作社
芳　即正『島津斉彬』一九九三年　吉川弘文館人物叢書
芳　即正『島津久光と明治維新』二〇〇二年　新人物往来社
明治維新一五〇周年記念　黎明館企画特別展『華麗なる薩摩焼』図録　二〇一八年　鹿児島県歴史資料センター黎明館
木村幸比古監修『戦況図解　戊辰戦争』二〇一八年　サンエイ新書

河野純徳訳　『聖フランシスコ・ザビエル全書簡』　一九九四年　平凡社東洋文庫
国際ニュース事典出版委員会編　『外国新聞に見る日本』　一九八九年　毎日コミュニケーションズ
児玉幸多監修　『鹿児島県の歴史』　一九九九年　山川出版社
五味文彦・鳥海　靖編　『新もういちど読む山川日本史』　二〇一七年　山川出版社
堺屋太一　『歴史の使い方』　二〇一〇年　日経ビジネス人文庫
佐々木克　『幕末政治と薩摩藩』　二〇〇四年　吉川弘文館
アーネスト・サトウ著　坂田精一訳　『一外交官の見た明治維新』　一九六〇年　岩波文庫
薩摩焼パリ伝統美術展実行委員会編　『日仏交流一五〇周年記念「薩摩焼」』図録　二〇〇八年　薩摩焼パリ伝統美術
　展実行委員会
篠田鉱造　『明治百話』　一九九六年　岩波文庫
ジーボルト著　斎藤　信訳　『江戸参府紀行』　一九六七年　平凡社東洋文庫
島津修久　『島津歴代略記』　一九八五年　島津顕彰会
ハインリッヒ・シュリーマン著　石井和子訳　『シュリーマン旅行記　清国・日本』　一九九八年　講談社学術文庫
高島弥之助　『島津久光公』　一九三七年
高埜利彦　『江戸幕府と朝廷』　二〇〇一年　山川出版社日本史リブレット
田村省三ほか　『島津斉彬の挑戦―集成館事業―』　二〇〇三年　尚古集成館
寺本敬子　『パリ万国博覧会とジャポニスムの誕生』　二〇一七年　思文閣出版
R・P・ドーア著　松居弘道訳　『江戸時代の教育』　一九七〇年　岩波書店
中根雪江　『再夢記事』　一九二二年　日本史籍協会
日本史籍協会編　『大久保利通日記』　一九二七年　日本史籍協会

野口武彦『鳥羽伏見の戦い』二〇一〇年　中公新書
萩原延壽『遠い崖　アーネスト・サトウ日記抄』二〇〇七年　朝日文庫
馬国川著　大脇小百合訳『明治維新の教え』二〇二一年　CITIC Press
町田明広『島津久光＝幕末政治の焦点』二〇〇九年　講談社選書メチエ
町田明広『幕末文久期の国家政略と薩摩藩』二〇一〇年　岩田書院近代史研究叢書
町田明広『攘夷の幕末史』二〇二二年　講談社学術文庫
松浦　玲『徳川慶喜　増補版』一九九七年　中公新書
松浦　玲『徳川の幕末』二〇二〇年　筑摩書房筑摩選書
松尾千歳『島津家おもしろ歴史館』一九九一年　尚古集成館
松尾千歳『島津家おもしろ歴史館2　集成館事業編』一九九八年　尚古集成館
松尾千歳『島津斉彬』二〇一七年　戎光祥出版シリーズ・実像に迫る
松尾千歳『西郷隆盛と薩摩』二〇一四年　吉川弘文館人をあるく
松原久子著　田中敏訳『驕れる白人と闘うための日本近代史』二〇〇五年　文藝春秋
三浦信孝・福井憲彦編著『フランス革命と明治維新』二〇一九年　白水社
三谷　博『維新史再考』二〇一七年　NHKブックス
宮地正人『幕末維新変革史』二〇一二年　岩波書店
安川周作『語られた歴史　島津久光』二〇二二年　南方新社
フェルディナンド・フォン・リヒトホーフェン著　上村直己訳『リヒトホーフェン日本滞在記』二〇一三年　九州大学出版会

〈基本史料〉

大石　学編　『幕末維新史年表』　二〇一八年　東京堂出版
鹿児島県維新史料編さん所編　『鹿児島県史料　忠義公史料』　一九七四年～一九八〇年　鹿児島県
鹿児島県維新史料編さん所編　『鹿児島県史料　斉彬公史料』　一九八一年～一九八四年　鹿児島県
鹿児島県歴史・美術センター黎明館編　『鹿児島県史料　市来四郎史料二』　二〇二二年　鹿児島県
史談会編　『史談会速記録』　一九七一年～一九七六年　復刻版　原書房

おわりに

明治維新は一九世紀における最も大規模な革命だった。一二世紀以来続いてきた特権階級である武士を核とした世襲的身分制を解体し、被差別階級もなくして『四民平等』の世となった。また職業選択や移動の自由も実現した。

しかし、明治維新が一八世紀のフランス革命や二〇世紀のロシア革命と並べて語られることはほとんどない。というのも革命とは一般的に被支配階級が暴力行使により支配階級を打倒して権力を奪取し、政治や経済などの社会構造を根本的に変えてしまうことで、その過程では戦争状態となって多くの死者が出る。たとえばフランス革命では内戦で約四〇万人、対外戦争で約一一五万人、合わせると約一五五万人もの死者が出ている。ロシア革命ははっきりした数字はわからないが、おそらくフランス革命より一桁多いだろう。

これに対し、明治維新の死者は戊辰戦争で約一・五万人、西南戦争で同じく約一・五万人の計約三万人に過ぎない。というのも明治維新は特権階級である武士がみずからの権利を放棄する戦いだったからだ。西欧列強がアジアの国々をつぎつぎと植民地化していくのを目の当たりにして、日本が生き残るためには国内が一致団結し一体となって対抗するしかない、島津斉彬はそう考え、斉彬没後は久光がその遺志を受け継いだ。

しかし、国内を一致団結させることは、二六〇あまりの藩をそのままにしていては実現できない。また枢要なポストに有能な人間を充てるためには、固定された身分制度を撤廃しなければならない。日本を守ろうとすれば、武士たちがみずからの特権を放棄するしかなかった。明治維新においては、登場人物はほぼすべて武士階級であり、結果として利益を得ることになった町人や農民は傍観者だった。

薩摩藩は明治維新の最大の功労者であったが、藩士全員が維新の目的を理解していたわけではない。単純に幕府に取って代わる権力者になれると思っていた藩士もいたであろう。これは薩摩藩だけの話ではない。維新のあと日本各地で武士の反乱が起こるが、それはすべて官軍側、つまり勝ち組だった。彼らは当然得られると思っていた恩賞がなく、逆にそれまでの特権を奪われて驚き、怒った。その怒れる武士たちが起こした最後で最大の反乱が西南戦争である。西郷隆盛は彼ら武士たちの想いを受け止め、それを抱きしめてともに滅んだ。

ラスト・サムライの死は、斉彬が興し久光と忠義が育てた工業都市鹿児島の終焉でもあった。

■著者プロフィール

安川周作（やすかわ しゅうさく）

1953年生まれ、兵庫県神戸市出身。

京都大学法学部卒業後日本興業銀行（現みずほ銀行）に入行、2003年より千葉黎明高校（千葉県八街市）に出向し4年間校長を務める。その後株式会社アンビシャス専務を経て、2010年株式会社島津興業に勤務、2021年まで役員として島津家別邸仙巌園を統括。退職後は文筆業。

2016年～2021年には放送大学非常勤講師となり、鹿児島学習センターの面接授業「島津斉彬の集成館事業」を共同担当、斉彬の人材育成やマネジメントについての講義を行う。

著書『校長は興銀マン』（学事出版）、『語られた歴史 島津斉彬』（南方新社）、『語られた歴史 島津久光』（南方新社）。

日本《にほん》の産業革命《さんぎょうかくめい》と薩摩《さつま》

二〇二四年五月二十一日　第一刷発行

著　者　安川周作
発行者　向原祥隆
発行所　株式会社 南方新社
〒八九二―〇八七三
鹿児島市下田町二九二―一
電話 〇九九―二四八―五四五五
振替口座 〇二〇七〇―三―二七九二九
URL http://www.nanpou.com/
e-mail info@nanpou.com

印刷・製本　シナノ書籍印刷株式会社
定価はカバーに表示しています
乱丁・落丁はお取り替えします
ISBN978-4-86124-515-2 C0021

語られた歴史
島津斉彬

◎安川周作
定価（本体 1,600 円 + 税）
四六判並製／ 170 ページ

近代国家建設、偉人の輩出。
頑迷な薩摩で、何故できたのか？

学問を軽視し、格式にこだわる頑迷な薩摩の風土。藩の中枢役人たちも仕事より酒量を競う有り様。上級武士に人材なしとされる薩摩で、いかにして近代国家の礎を築き、西郷・大久保ら多くの偉人を輩出させたのか？　斉彬と接した語り部たちの証言から明らかにしていく。

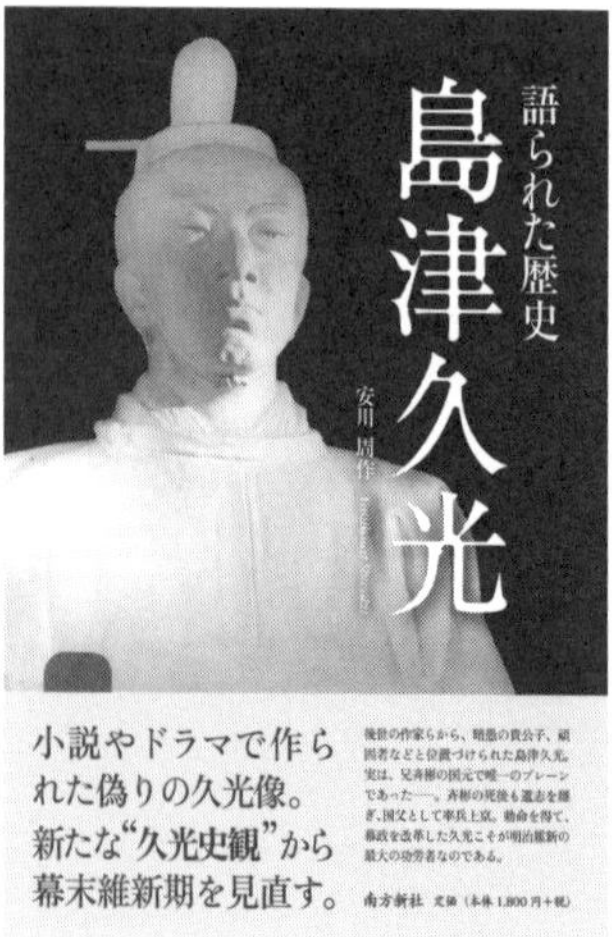

語られた歴史
島津久光

◎安川周作
定価（本体 1,800 円 + 税）
四六判並製／ 205 ページ

新たな " 久光史観 " から
幕末維新期を見直す。

後世の作家らから、暗愚の貴公子、頑固者などと位置づけられた島津久光。実は、兄斉彬の国元で唯一のブレーンであった――。斉彬の死後も遺志を継ぎ、国父として率兵上京。勅命を得て、幕政を改革した久光こそが、明治維新の最大の功労者なのである。

注文は、お近くの書店か直接南方新社まで（送料無料)。
書店にご注文の際は「地方小出版流通センター扱い」とご指定ください。